야구란 무엇인가

야구란 무엇인가

박지훈

야구,
그 오묘함에 대하여.

문우사
MoonWoo

들 어 가 며

조선반도에 야구가 들어온 지 100여 년이 흘렀습니다.

야구는 이 땅에 들어온 이래 인민과 희로애락을 함께하며 거친 현대사의 풍파를 겪어왔습니다.

영화 「YMCA 야구단」에 잘 묘사되어 있듯 야구는 일제강점기 시절, 조선 500년의 허약한 문치文治의 역사를 씻어내고 근대국가로 탈바꿈하기 위해 필요한 디딤돌로서 작용하였습니다. 이어 1960~1970년대의 고교야구는 고도성장기 산업역군들의 고향에 대한 애달픈 향수를 달래주는 유일한 역할을 수행하였습니다. 그리고 1980년대 혹독한 군사정권 시절 광주구장은 광주민주항쟁 이후 광주 시민이 대규모로 모일 수 있는 유일한 '합법적' 장소였으며, 그들이 광주구장에서 목놓아 부르던 「목포의 눈물」은 단순한 노래가 아닌, 광주민주항쟁으로 부모형제를 잃은 광주 시민들의 처절한 울부짖음에 다름 아니었습니다.

필자는 야구에 대해 잘 모릅니다. 서울대 야구부를 거쳐, 사회인 야구를 20년 가까이 하고 있지만 야구를 잘하지도 못합니다. 그러나 야구가 단순한 공놀이가 아니라 복잡한 메커니즘의 바탕 위에서 사회현상과 끊임없이 상호작용하며 호흡하는, 마치 생물과도 같은 것이라는 점은 이해할 수 있게 되었습니다. 이 책은 이러한 필자의 세계관과 야구관이 독자 여러분들께 드리는 질문지와 같습니다.

이 책이 야구, 나아가 스포츠의 가치와 본질에 대한 사회학적 논의를 불러일으키는 불쏘시개가 된다면 더 바랄 것이 없겠습니다. 이 책이 나오는 데 큰 도움을 주신 박동희 기자님, 문우사 김영훈 대표님, 전영완 과장님께 진심으로 감사드립니다.

2019년 3월

변호사 박지훈

차 례

제 9 장 야구가 지배하는 행운과 불운

제10장 야구는 과연 단체 경기인가

제1장

사람들은 왜
야구에 열광할까

야구 아이덴티티(identity)의 진화: 넥타이 부대의 술안줏거리에서 전 국민이 즐기는 문화 콘텐츠로

1990년대 말부터 2000년대 초반에 걸쳐 극도의 침체를 겪고 있던 한국 프로야구는 2006년 월드베이스볼클래식 World Baseball Classic 4강 진출로 조금씩 모닥불을 지피기 시작합니다. 이듬해 2007년에는 팬티 바람으로 문학구장(현 인천SK행복드림구장)을 돌던 이만수 전 SK 와이번스 감독(당시 SK 코치)의 퍼포먼스로 상징되는 이른바 '스포테인먼트 sportainment'라는 용어가 등장하였습니다. 이 용감한 팬티 퍼포먼스가 모닥불에 슬슬 불을 지펴 화기火氣가 점점 드세어지는가 싶더니, 마침내 한국 프로야구는 2008년 베이징 올림픽에서 9전 전승全勝 우승이라는 대형 사고를 치고 말았습니다. 1992년 바르셀로나 올림픽에서 야구가 정식 종목으로 채택된 이래 전승 우승은 전무후무한 일이었습니다. 메이저리그의 나라 미국도, 야구가 국기國技인 일본도, 그리고 야구에서만큼은 올림픽 금메달을 밥 먹듯이 따내던 쿠바도 해내지 못했던 일입니다.

'스포테인먼트'란?

이른바 '스포테인먼트sportainment'란 sport와 entertainment를 조합한 신조어입니다. 2007년 SK 와이번스가 야구 경기에 엔터테인먼트적인 요소를 가미한 마케팅을 선보이며 내세운 캐치프레이즈로서, 당시로서는 대단한 성공을 이루었다고 하겠습니다. 이에 힘입어, 한국 프로야구는 1995년 이래 처음으로 400만 관중을 돌파할 수 있었습니다.

베이징 올림픽 금메달의 1등 공신인 '괴물' 류현진 선수와 '일본 킬러' 김광현 선수가 한국 프로야구에 등장한 해가 베이징 올림픽 직전인 2006년과 2007년이었습니다. 확실히, 2006년부터 한국 프로야구는 무언가 착착 '아다리(아타리, あたり, 当り)'가 맞아 들어가고 있었던 것입니다. 그

D
mooich

리고 2008년 베이징 올림픽 금메달이 방아쇠trigger가 되어, 이때부터 한국 프로야구는 전에 없던 전성기를 구가하게 되었습니다. 그리고 한국 프로야구는 급기야 2016년에 800만 관중을 돌파하여 2018년까지 3년 연속 800만 관중 돌파라는 새 역사를 쓰고 있는 중입니다.

그런데 2000년대 중반 이후의 프로야구가 누리고 있는 인기는 이전의 그것과 조금 다른 성격을 갖고 있습니다. 1980~1990년대 중반까지의 프로야구 인기가 사실상 넥타이 부대의 술안줏거리 또는 지역주의의 한풀이 마당으로서의 성격을 가지고 있었던 데에 반하여, 2000년대 중반 이후의 프로야구는 그야말로 전 국민이 즐기는, 가장 핫hot한 문화 콘텐츠가 된 것입니다. 1990년대 중반까지만 하더라도 야구를 좋아하는지 여부는 말할 것도 없고, 야구의 기초적인 룰rule을 아는 여성조차 매우 드물었었죠. 그런데 최근에는 여성들끼리 야구장을 찾는 모습을 어렵지 않게 볼 수 있게 되었습니다. 한편, 과거 박찬호 선수의 메이저리그 진출로 인해 한국 프로야구의 인기가 시들해졌다며 박찬호 선수를 '원망'하던 야구인들이 적지 않던 시기가 있었습니다. 하지만 최근 추신수, 류현진, 그리고 강정호 선수의 활약으로 이제 5,000만 국민 누구나 매일매일 메이저리그 경기를 볼 수 있는 환경이 조성되었음에도 불구하고 한국 프로야구의 인기는 오히려 점점 더 높아지고 있습니다.

이는 다음의 두 가지 사실을 의미합니다.

우선 하나는, 1990년대 후반부터 2000년대 초반에 걸친 프로야구 인기의 침체 현상에 대해 우리의 박찬호 선수는 아무런 죄(?)가 없다는 점입니다. 심지어 우리나라 방송사가 박찬호 선수 선발 등판 경기를 중계하기 위해 당시 메이저리그MLB, Major League Baseball에 거액의 중계권료를 지불한 것을 두고, "박찬호 때문에 외화가 유출되었다."며 비난하던 무리들도 있었지요. 가히 '국뽕'의 원조들이라 하겠습니다. 아니, 손흥민 선수가 잘해서 K리그가 인기가 없는 건가요?

그리고 (보다 중요한) 다른 하나는, 메이저리그와 한국 프로야구가 하나의 시장市場에서 서로 '경쟁'하는 관계에 있는 것이 아니라는 사실입니다. 한국 프로야구의 팬은 곧 메이저리그의 팬이기도 한 것입니다. LA 다저스의 류현진 선수의 활약에 열광하는 야구팬들은 이제 '류현진 선수 다음에 메이저리그에서 통할 만한 선수가 누구인지'를 찾는 느낌으로 한국 프로야구를 즐깁니다. 야구를 봐야 할 이유가 하나 더 추가된 것입니다.

그렇다면 도대체 사람들은 왜 야구에 열광하는 것일까요.

사실 "사람들은 왜 야구에 열광할까?"라는 질문에는 두 가지 질문이 혼재되어 있습니다(논리학에서는 이런 것을 '복합질문의 오류'라고 설명하기도 하죠). 우선, '사람들이 정말 야구에 열광하는지'입니다. 2018년을 기준으로 하면 5,000만 인구 중 고작 800여만 명이 야구장에 갔을 뿐인데(한 사람이 여러 번 야구장에 가는 경우가 많다는 점을 고려한다면, 위 숫자는 사실 엄청 줄어들겠지요), 야구 예찬에 열중한 나머지 제가 너무 호들갑을 떨고 있는 것은 아닌가 하는 이야기입니다. 좀 떴다 싶은 영화라면 가볍게 1,000만 관객을 돌파하는 요즘, 1년 내내 다 합쳐봐야 800만 관중인데, 그게 뭐 그리 대단한 거냐는 반론도 있을 수 있겠지요. 이 문제에 대한 해답이 명확해진 다음에서야, 비로소 다른 하나의 질문, 즉 '사람들이 야구에 열광하는 이유가 무엇인지'에 대한 고민으로 나아갈 수 있습니다.

야구와 영화의 소비 형태는 근본적으로 다르다!

실제로도 1,000만 관객을 동원한 영화가 누적하여 수십 편에 이르는 상황에서, 한 해 동안 야구장을 찾은 관중이 800만 명이라는 사실에 별 의미를 부여하지 않는 사람들이 적지 않습니다. 그러나 영화를 소비하는 방법은 원칙적으로 '영화관에 직접 가서 영화를 관람하는 것'으로 한정되어 있는 반면, 스포츠의 경우 경기장에 직접 가서 관전하는 것보다도, 오히려 '중계방송을 통한 관전'이 더욱 소비 형태의 중심을 이루고 있다는 점에서, 위와 같은 반론이 지니고 있는 모순은 명백합니다. 즉 스포츠의 경우 경기장에 직접 가서 경기를 관전하는 사람이나, 집에서 중계방송을 시청하는 사람이나, 모두 '1차적 소비자'에 해당하는 것이고, 그렇기에 방송사는 거액의 중계권료를 지불하고 중계권을 구입하는 것입니다.

그렇다면, 우선 사람들이 정말로 야구에 열광하고는 있는 것인지, 한번 진지하게 생각해볼 필요가 있습니다.

사람들은 '과연' 야구에 열광하는가

이 질문에 답을 하기 위해, 전 세계 200여 개 국가 70억 명으로 시야를 넓혀보도록 하겠습니다.

많은 사람들의 주장에 의하면, 대부분의 사람들mankind은 야구에 열광하지 않는다고 합니다. 그러한 사람들이 즐겨 하는 '상상 실험imaginary experiment'을 우리도 한번 따라 해보죠. 이에 따라, 전 세계인 가운데 흑인과 백인, 앵글로색슨Anglo-Saxons과 아랍인, 메스티조Mestizo와 물라토Mulatto 등 인종과 종파를 가리지 않고 무작위로 100명을 뽑아 한데 섞어 놓았다고 가정합니다. 그리고 그중에서 '야구를 좋아하는'(아니면 적어도 '야구를 볼 줄 아는') 사람은 손을 들 것을 지시하였다고 해보죠. '그들'의 반복된 '상상 실험'에 의하면, 이 경우 대략 9명 정도가 손을 든다고 합니다. 이에 반하여 축구는 41명 정도가, 그리고 농구는 11명 정도가 손을 든다고 합니다.

그런데 사실, 서로 이질적인 성격의 집단을 하나로 묶어 통계를 내는 것은 완전히 무의미한 일입니다. 위와 같은 상상 실험은, 마치 A초등학교 2학년생 50명의 평균 신장과 A초등학교 4학년생 50명의 평균 신장을 각각 따로 산출한 후, 그와 같이 별도로 산출된 2학년생(50명)의 평균 신장과 4학년생(50명)의 평균 신장의 중간값을 A초등학교 2학년생과 4학년생 100명의 평균 신장이라고 결론 내리는

여기서 잠깐!

2학년 학생 50명과 4학년 학생 50명의 신장을 측정하여 이를 그래프로 나타내면 아마도 정규분포곡선 두 개가 연속되어 그려질 것입니다. 그러나 연속된 정규분포곡선의 '중간값(파동의 골 부분)'의 경우, 이것이 다른 통계적 정보 추출을 위한 원재료raw material의 하나로 활용됨은 별론으로 하고, 그 자체만으로서 통계학상 특별한 의미를 갖는 것은 아닙니다.

것과 같습니다. 위와 같은 방법으로 산출된 중간값은 2학년생의 평균 신장을 대표하지도, 4학년생의 평균 신장을 대표하지도 못합니다. 이는 통계학상으로는 아무런 쓸모없는 숫자에 불과합니다

그렇다면 '그들'의 주장과 같이, 역시 대부분의 사람들은 야구에 열광하지 않는 것일까요.

그렇지 않습니다. 만일 위 '상상 실험'의 결과가 사실이라고 하더라도 이는 단지 야구가 축구나 농구보다 덜 보편적universal인 스포츠라는 점을 말해주는 것에 불과합니다. 그리고 이것이 바로 야구를 설명하는 첫 번째 키워드입니다. 현대자동차의 쏘나타가 부동의 베스트 셀링카이기는 하지만, 쏘나타에 '열광'하는 소비자는 거의 없죠. 사실 쏘나타를 타는 사람들은, 조금만 경제적 여유가 생기면 언제든지 제네시스 또는 수입차로 바꿀 준비가 되어 있습니다. 즉, 어느 상품이 '보편적universal'이라면, 사실 그 이유는 그 상품을 구입하기 '쉽기' 때문인 것입니다.

스포츠 역시 마찬가지입니다. 아프리카 대륙에서 월드컵 축구 예선이나 네이션스컵 대회는 열리지만, 올림픽 야

구 예선이나 WBC에 참가하려는 아프리카의 나라는 거의 없습니다. 이유는 간단합니다. 아무런 규칙도 필요 없고, 좁은 공간에서도 대략 둥그스름하게 생긴 공 하나만 있으면 공을 쫓아 뛰어다니며 배고픔을 잊고 하루 종일 시간을 보낼 수 있는 놀이만큼, 가난한 아프리카의 아이들에게 적합한 것은 없기 때문이지요. 그들에게는, 누가 가르쳐주지 않더라도 '본능적으로' 할 수 있는 축구 이외에는, 다른 선택지가 애당초 주어지지 않는 것입니다. 동부 아프리카에 위치한 나라 케냐Kenya나 탄자니아Tanzania가 올림픽 육상 중장거리 종목을 석권하는 이유도 다르지 않습니다. 오로지 '뛰는 것'만이 그들이 평생 동안 접할 수 있는 유일한 '스포츠'이기 때문입니다.

야구는 (유럽의 시각에서 볼 때) 신대륙, 즉 북아메리카대륙의 스포츠입니다. 불행한 현대사를 거치는 동안 오래도록 미국의 영향권 아래에 놓였었던 극동아시아 일부 국가(일본과 우리나라, 그리고 타이완 정도)를 제외하고는 예외가 없습니다. 19세기 말부터 20세기 초에 걸쳐 전 세계를 휩쓴 광적인 제국주의와 식민 지배의 현대사를 거치는 동안, 일본은 미국으로부터 야구를 '배울 수 있었고', 우리나라와 타

이완은 일본으로부터 야구를 '배울 수 있었습니다'. 이로써 북아메리카대륙 이외에서 야구가 성행하는 유일한 예외가 만들어질 수 있었던 것입니다. 야구는 이와 같이 미국과 인연이 닿은 '특별한 계기'를 가진 나라에만 제한적으로 전파될 수 있었습니다.

결국, '야구'라는 독립변수에 관한 한, 북아메리카대륙(및 극동아시아 지역)과 그 밖의 지역은 완전히 성격을 달리하는 이질적 집단인 것입니다. 따라서, 앞서 말한 바와 같이, 앵글로색슨으로부터 물라토에 이르기까지 인종과 지역을 가리지 않고 모든 호모사피엔스를 모집단으로 삼아 야구에 대한 열정의 '평균치'를 산출하고 분석하는 것은 아무런 의미가 없으며, 당연히 이 책에서는 다루지도 않을 것입니다. 다시 말해, 우리가 지금부터 논의하고자 하는 것은 "왜 북아메리카(및 극동아시아) 이외의 지역에서는 야구가 인기가 없는가." 하는 문제가 아니라, "왜 북아메리카(및 극동아시아)는 그토록 야구에 열광하는가." 하는 문제인 것입니다.

사람들은 '왜' 야구에 열광하는가

사실 이 질문은 도무지 현답賢答이 나올 수 없는 우문愚問입니다. 이에 대해 아무리 기발한 답변을 내어놓는다고 하더라도, 영리한 질문자가 이번엔 "사람들은 왜 축구에 열광하는가.", "사람들은 왜 농구에 열광하는가."… 등등의 질문을 이어간다면, 십중팔구 그는 곧바로 자신의 답변이 전혀 기발하지 않았음을 깨닫고 난감함을 느낄 것입니다. 어쩌면 아마도 야구에 대한 자신의 '프라이드pride'에 상처를 입었다고 느낄지도 모르겠네요.

도대체, 열렬한 야구팬인 그의 프라이드는 어디에서 비롯된 것일까요. 그리고 무엇이 그에게 혼란스러움을 느끼게 하는 것일까요.

야구는 다른 스포츠들과 다른 메커니즘을 가지고 있습니다. 야구를 제외한 다른 구기종목은 예외 없이 둘 중의 하나의 스킴scheme을 가지고 있지요. 골을 넣거나, 네트를 사이에 두고 공을 상대방 진영으로 쳐 넣거나!! 공의 크기나 재질, 또는 공을 쳐내는 방법에서 세세한 차이가 있을 뿐, 모두 동일한 스토리텔링story-telling입니다. 하나같이 '전쟁'이란 것에서 모티브를 따왔기 때문이죠. 상대방의 영역을 침략하여 함락시킨 후 우리의 깃발을 꽂거나goal, 또는 성벽net을 사이에 두고 상대방에게 화살을 퍼붓는, 그러한 전쟁의 이미지로부터 얻은 영감inspiration에 기초한 것입니다.

그런데 야구는 도무지 다른 스포츠에서는 볼 수 없는 독특한 서사구조를 가지고 있습니다. 배터스 박스batter's box에 들어선 타자의 목표는 일단 집home base을 나서는 것입니다. 이를 위해 타자는 몸을 잔뜩 움츠린 채 방망이를 움켜쥐고, 다리를 앞뒤로 흔들거나 때로는 어깨를 위아래로 들썩여가며, 온 신경을 마운드에 있는 투수의 동작 하나하나에 집중합니다. (4사구 또는 스트라이크아웃 – 낫아웃과 같은 예외적인 경우가 아닌 한) 타자는 투수가 던진 공을 가급적 야수가 받기 어려운 곳으로 쳐내야만 일단 집을 나갈 수 있는 기회가 생기기 때문입니다. 그런데 기껏 어렵게 집을 나갔더니 이제는 얼른 '컴 백 홈come back home' 하라고 합니다. 그럴 거면 처음부터 나가지를 말라고 하든가! 이런 류의 서사구조는 그리스 로마 신화에도 나오지 않고, (사실은 대부분의 작품들이 당시 구전(口傳)되어 오던 이야기들을 모아 연극용으로 각색한 것에 불과하다고 하여 최근 조금 평가 절하되고 있는) 셰익스피어William Shakespeare의 수많은 작품들에서도 이런 스토리라인은 도무지 발견되지 않습니다.

허구의 세계인 문학작품을 떠나, 실제의 세계사로 관점을 돌려 살펴보아도 마찬가지입니다. 게르만족도 한 번 떠난 고향에 다시는 돌아오지 않았고, 메이플라워Mayflower호를 타고 영국을 떠나 척박한 신대륙으로 건너간 청교도들은 (영국으로 돌아가기는커녕) 새로운 나라를 만든 후 오히려 영국과 처절한 전쟁을 벌인 끝에 기어이 완전한 독립을 쟁취하고야 말았지요. 북경을 함락한 청淸나라 홍타이지皇太極는 아무런 미련 없이, 청나라가 잉태된 자궁과도 같은 심양瀋陽을 버렸으며, 국민당 군대의 맹공을 피해 마오쩌둥毛澤東이 홍군紅軍을 이끌고 중국 대륙을 반 바퀴 돌아 새로이 공산당 정부의 터전으로 삼은 곳은 남경정부로부터 1만km나 떨어진 중국 서부 깊숙한 내륙이었습니다. 다만, 집을 떠난 유대민족이 3,000년 동안 지구를 돌고 돌다가 결국 그들의 고향(?) 시온Zion산 기슭으로 컴백하긴 했지만, 애당초 그들은 자발적으로 집을 나간 것이 아니었으니, 야구가 여기에서 영감을 얻었다고 하기에는 무리가 있어 보입니다.

도무지 문학사적으로, 그리고 세계사적으로 그 유례를 찾아볼 수 없는 이 독특한 서사구조! 이것으로써 야구팬이 가지는 그 괴이쩍은 '프라이드'의 정체가 조금 해명이 될 수 있을지도 모르겠습니다. 그러나, 맨 위에서 처음 던져진, 우문愚問에 대한 답은 아직입니다. 독특하다고 열광하는 것은 아니니까요. 만일 그런 논리라면 어느 누구라도, 1분 이내에 축구에 열광하는 이유를 10개 이상 들 수 있거든요.

야구는, 단지 문화일 뿐입니다. 우리가 쌀을 먹고, 프랑스인이 바게트를 먹듯, 북아메리카인은 태어나면서 자연히 야구를 접하고, 프랑스인은 자연스레 축구를 접합니다. 기온, 기압, 습도, 일조량, 토질, 식생, 언어, 종교의식…

열거하기조차 어려운 수많은 우연들이 결합되어 북아메리카인은 야구를 접하기 쉬운 환경에, 그리고 프랑스인은 축구를 접하기 쉬운 환경에 놓였을 뿐입니다. 여기에 무언가 특별한 의미를 부여하려는 그 어떠한 시도도 완전히 무의미합니다. 예컨대 야구를 자본주의와 결부시키려는 견해 또한 적지 않지만, 이들은 쿠바Cuba나 도미니카공화국 Dominican Republic이 야구 최강국이라는 사실에 대해서는 "이는 늘 그렇듯 어떠한 '원칙'에도 존재하기 마련인 특수한 예외일 뿐이다."라고밖에는 설명하지 못합니다. 그러나 앞서 언급한 바와 같이, 일본을 통해 야구를 들여온 우리나라나 타이완이 '자본주의 선진국'이 된 것은 야구가 들어오고 난 후 훨씬 뒤의 일입니다. 뒤에서 다시 언급하겠지만, 야구와 자본주의를 연결 지어 설명하려는 견해는 사실 미국 프로야구, 즉 MLB의 상업적 성공을 야구의 특성과 혼동하고 있는 것에 불과합니다.

사람들이 왜 야구에 열광하는지를 묻는 것은 어리석은 일입니다. 중요한 것은 야구는 전 세계의 절반인 미국과 일본의 국기國技이고, 이는 꽤 오랫동안 계속될 것이라는 점입니다. 야구 경기는 팀당 27개의 아웃카운트가 채워질 때까지 계속됩니다. 즉 하나의 야구 경기에서 투수와 타자의 승부가 최소 54번 펼쳐진다는 이야기이지요. 물론 시간의 제한도 없구요. 그렇다면, 하나의 야구 경기가 만들어낼 수 있는 스토리의 개수(경우의 수)는 적어도 2의 54제곱 개라는 이야기가 됩니다. 동시에 동일하거나 유사한 스토리의 야구 경기가 펼쳐질 가능성은 거의 없다는 뜻도 되겠지요. 적어도 소재 고갈로 야구 경기가 식상해질 우려는 없을 것 같습니다. 우리는 이와 같이 인류가 존재하는 한 '무한히' 계속될 야구 경기를 그저 즐기면 될 뿐입니다.

제2장

야구에만 존재하는 개념, '에러(error)'

야구장 스코어보드의 암호 R, H, E, B

야구장 전광판 스코어보드에는 4개의 알파벳이 등장합니다.

우선 'R'입니다. 이는 '득점'을 뜻하는 'Run'의 앞 글자입니다. 야구 역시 다른 대부분의 구기球技 스포츠와 마찬가지로 어느 팀이 더 많은 득점을 올렸는지를 따져 승패가 결정되기 때문에, 득점을 뜻하는 'R'이 스코어보드의 첫머리에 위치하는 것은 너무도 당연하지요.

'R'의 다음 자리에 오는 알파벳은 '안타安打'를 의미하는 'H'입니다. 물론 이는 'Hit'의 맨 앞 글자이지요. 타자가 출루를 하고, 나아가 누상의 주자를 홈으로 불러들이는 데 가장 효과적인 방법이 바로 '안타'를 치는 것임은 두말할 나위가 없습니다. 공격하는 팀으로서는 아웃카운트의 손실 없이 타자와 주자를 1개 또는 그 이상의 베이스로 진루시킬 수 있기 때문이지요. 즉 안타는 득점으로 가는 가장 성공률 높은 루트인 것입니다. 따라서 타석에 들어서는 타자의 1차적 목적은 바로 이 '안타'를 쳐내는 데 있다고 할 수 있습니다. 그렇다면, '안타'를 의미하는 'H'가 스코어보드의 두 번째 자리를 차지하는 것도 전혀 어색하지 않다고 하겠습니다.

그런데 그다음에 오는 'E'라는 알파벳은 조금 생소합니다. 잘 아시겠지만 야구 기록지에 등장하는 'E'는, '실책'을 의미하는 'Error'의 맨 앞 글자입니다. 그런데, 야구 이외의 어떤 스포츠도, 이 'Error'라는 것에 독립된 의미를 부여하거나 이를 별도의 계정(항목)으로 잡아 기록지에 기록하지 않습니다. 예컨대, 농구 경기에서 공격 팀이 소위 '패스미스mistake in pass'를 범한 경우, 이는 상대 팀의 '인터셉트intercept'로 인식되어 기록지에 반영될 뿐, '패스미스'에 대한 경기 기록원의 판단 또는 경기 기록지에의 기재 작업 같은 것은 이루어지지 않습니다. 즉 그 패스미스 상황이 과연 당해 선수의 '실력'에 의한 것인지 혹은 '실수'에 의한 것인지에 대한 평가는 최소한 공식적으로는officially 이루어지지 않는 것이지요. 축구 경기에서 페널티킥을 실축한 키커kicker의 경우도 마찬가지입니다. 골키퍼가 탁월한 기량으로 선방한 것인지, 아니면 키커가 어이없는 똥 볼을 찬 것인지에 관하여, (맥줏집에 모여 앉아 경기를 시청하는 팬들이 목소리를 높여 논쟁을 벌일 수는 있겠지만) 공식 기록원은 이에 전혀 관심을 두지 않습니다. 예컨대, 1994년 미국 월드컵 결승전 승부차기에서 이탈리아의 마지막 키커로 나서서, (골키퍼가 굳이 손을 쓸 필요도 없이) 공을 골대 위 하늘 높이 날려버린 로베르토 바조Roberto Baggio의 '허무했던' 플레이는 축구 역사가들 사이에서 두고두고 회자될지언정 도대체 'Error'라는 이름으로 기록될 리는 없는 것입니다.

그런데 야구는, 'Error'라는 것을 공식 기록 항목의 하나로 인정하는 데 그치지 않고, 이를 스코어보드의 무려!! 세 번째 자리에 위치시켜 놓고 있습니다. 즉, '득점'과 '안타' 다음가는 중요한 기록이 'Error'라고 선언하고 것입니다. 이를 어떻게 이해해야 할까요? 더욱 중요한 건, 'Error'가 'Error' 자체만으로 카운팅되고 끝나는 것이 아니라는 것입니다. 예컨대, 수비수가 'Error'를 범한 경우, 전광판 스코어보드의 'E' 칸에 1을 더하는 것으로써 경기 기록원의 업무가 끝나는 것은 아닙니다. 오히려 기록원의 뇌세포가 격렬히 상호 반응하기 시작하는 것은 이때부터이지요. 타자의 타율, 출루율, 그리고 투수의 자책점, 방어율 등, 선수의 연봉과 직결되는 중요한 개인 기록들이 차례로 연동되어 변하기 때문입니다. 타자도 투수도 아닌, 제3자인 수비수가 저지른 이 'Error' 때문에 말이죠.

'방어율' vs '평균자책점'

얼마 전부터인가, '방어율'이라는 표현은 일본식 야구 용어로 부적절하므로 '방어율'이라는 용어 대신 '평균자책점'이라는 용어를 써야 한다고 주장하는 견해가 생겨났고, 최근 언론들도 '방어율' 대신 '평균자책점'이라는 용어를 사용하는 경향이 있는 것으로 보입니다. 그러나 일본식 야구 용어라 하여 무조건 배척할 필요가 있는지 의문입니다. 'Baseball'의 일본식 표현인 '야구野球'라는 말 자체를 없애고 '베이스볼'이라고 하면 뭔가 좀 주체성이 있어 보이나요?? 의미상으로도, '평균자책점'이라는 표현에는 'per'의 개념이 들어가 있지 않아 이 역시 의미를 정확히 전달하는 용어라 보기 어렵습니다. '평균자책점'에서의 '평균'의 기준이, 1이닝 평균이라는 건지, 한 경기 평균이라는 건지, 그것도 아니면 한 시즌 평균이라는 건지, 따지고 들기 시작하면 끝이 없습니다. 따라서 기존의 '방어율'이라는 용어에 큰 하자가 없는 이상, 그대로 사용하는 것이 적절하다고 생각합니다.

일본식 야구 용어를 지양해야 한다?

'방어율'이라는 용어 대신 '평균자책점'이라는 용어를 써야 한다고 주장하는 사람들 가운데, '그 나름 일관성을 갖추어', '동계冬季올림픽'이 일본식 표현이니 이것도 쓰지 말고 그냥 '겨울올림픽'이라고 부르자고 하는 경우도 많습니다. '동계'라는 표현이 일본어의 예스러운 표현이라는 것은 사실입니다. 확실히, 1930~1940년대 발간된 일본의 신문에는 '동계'라는 표현이 자주 등장합니다. 그러나 현대 일본어에서는 '동계'라는 표현을 거의 쓰지 않습니다. 그뿐 아니라, 최근 일본에서는 '올림픽Olympic'이라는 외래어 대신, 오히려 '오륜五輪(일본식 발음으로는 '고린')'이라는 표현을 주로 사용합니다. 즉 현대 일본어에서, 동계올림픽은 '冬の五輪(일본식 발음으로 '후유노 고린')', 하계올림픽은 '夏の五輪(일본식 발음으로 '나츠노 고린')'인 것입니다. 역설적으로, 동계올림픽이라는 용어 대신 겨울올림픽이라는 용어를 써야 한다는 주장 자체가 일본어의 변천 과정을 그대로 따라야 한다고 말하는 것과 다름없는 것입니다. '일제 잔재 척결'이라는 구호 하나만 내걸면 모든 이성적·학문적 검증이 생략되는 위와 같은 천박한 행태가, 적어도 스포츠계에서라도 더 이상 일어나서는 안 되겠습니다.

Error,
야구만의 정교한 메커니즘

수비수가 저지른 'Error' 때문에 타자의 타율이나 투수의 방어율이 영향을 받는 것이 불합리하지 않냐구요? 아니요, 그렇지 않습니다. 오히려 이는 직장인에 비유하자면 일종의 연말정산과도 같은, 무릎을 탁 치게 만들 정도로 기발한 아이디어라고 할 수 있죠. 다른 경기 참여자(선수)의 '수준 미달의 플레이'에 의하여 발생된 결과를 제거하고, 당시 '정상적인 플레이'가 이루어졌다고 가정하여 선수 개개인의 성적을 재산출 해내겠다는 발상에서 비롯된 것이니까요. 뒤에서 다시 설명드리겠지만 이는 야구가 사실은 단체 스포츠보다 개인 스포츠로서의 성격을 더 강하게 띠고 있

음을 뒷받침하는 하나의 징표로도 볼 수도 있을 것입니다.

잠깐 이야기가 옆길로 샜습니다만, 다시 본류로 들어와서 이야기를 이어가도록 하죠. 과연 이 'Error'라는 것이 별도의 계정으로 잡혀 공식적으로officially 카운팅될 뿐만 아니라, 또 다른 기록들과 촘촘하게 연동되어 있다는 점, 그리고 더 나아가 스코어보드 세 번째 자리를 당당히 차지하고 있는 점을 어떻게 받아들여야 할까요?

'Error'는 '실수'입니다. 물론 넓게 보면 '실수'도 '실력'이겠지만, 일단 야구의 룰은 이 둘을 엄격하게 준별峻別하는 전제 위에 세워져 있습니다(이는 예컨대 형법이 과실에 의한 범죄는 원칙적으로 처벌하지 아니하고, 고의에 의한 범죄만을 처벌하는 것과 일맥상통하기도 합니다). 야구의 룰은, 바로 선수의 플레이 하나하나가 '실수'에 의한 것인지, 아니면 진정한 '실력'의 발현에 의한 것인지를 평가하는 데에서부터 출발합니다. 그리하여, 예컨대 A라는 선수의 플레이가 '실수'에 의한 것으로 판단되는 경우에는, 경기에 참여하는 모든 선수(심지어 A선수까지 포함하여)의 개인 기록(성적)으로부터, 위와 같은 플레이로 인해 발생된 '정상적이지 않은' 결과를 제거하겠다는 원칙을 선언하고 있는 것입니다.

즉, 야구 경기에 참여하는 모든 사람들의 머릿속에는, 경기 중 발생할 수 있는 수천수만 가지의 상황에 대응하여, 선수라면 마땅히 취해야 할 플레이의 수준이 이미 관념적으로 설정되어 있는 것입니다. 야구 경기의 기록지는 궁극적으로 모든 선수들이 적어도 위 수준을 넘어서는 플레이를 한다는 가정하에 작성되고, 수정되어, 최종적으로 편집됩니다. 즉 정상적이지 않은, 또는 통상적이지 않은 플레이(수준 미달의 플레이)로 인하여 초래된 결과는 제거되고, 당시 정상적인 플레이(게임에 참여하는 선수라면 마땅히 취해야 할 플레이)가 펼쳐진 것으로 가정한 후, 이를 바탕으로 선수 개개인의 성적(기록)에 대한 조정 작업이 이루어지게 됩니다. 앞서 잠깐 언급했듯, 이는 직장인이라면 누구나 경험하게 되는 소위 '연말정산'과 그 메커니즘이 거의 동일합니다. 다만 차이가 있다면 야구의 경우, 위와 같은 작성–수정–편집이라는 일련의 과정이 경기 기록원의 머리에서 '순간적으로' 일어나 완료된다는 정도이겠지요.

그런데 'Error'를 뜻하는 알파벳 'E'가 전광판 스코어보드의 세 번째 자리에 위치하고 있다는 사실은, 지금까지 이야기한 것보다 몇 배 더 의미심장합니다. 바로 '야구'라는 스포츠는, 웬만한 운동신경 가지고는 덤빌 수 없는, 난이도 별 다섯 개짜리 스포츠라는 사실입니다. 눈치 빠른 분들은 이미 캐치하셨겠지만, 앞서 언급한, '선수라면 마땅히 취해야 할 플레이의 수준'이 바로 'Error'의 판단 기준입니다. 따라서 'Error'가 많이 나온다는 것은 바로 '야구 기록지에 정상적으로 기록될 자격이 없는' 수준 이하의 플레이가 많다는 것을 의미합니다. 그리고 그만큼 현실(무수히 발생한 Error)과 이데아(Error가 없는 경기)의 격차가 커지므로, 야구 기록지는 너덜너덜해지고, 기록원의 머리는 복잡해집니다. 마치 소득수준에 맞지 않는 소비생활을 한 직장인이 연말정산 시기가 오면 골치가 아파오는 것과 같은 것이지요.

앞서 언급한 바와 같이, 'Error'의 판단 기준은 '어떠한 상황에서 평균적인 선수가 할 수 있는(또는 응당 할 것으로 충분히 기대되는) 플레이를 하였는지' 여부입니다. 물론 여기서 '응당 할 것으로 기대되는 플레이'의 내용은 그 선수가 소속된 리그가 무엇인지(예컨대, 프로리그인지 학생야구인지)에 따라 조금 차이가 있을 수 있겠지요. 그런데 중요한 것은, 학생야구이든 프로야구이든 또는 사회인야구이든, ('평균적인 선수'의 수준에 있어 차이가 있을 수는 있으나) '응당 할 것으로 기대되는(요구되는) 플레이'의 내용은 본질적으로 아무런 차이가 없다는 것입니다. 이는 'Error'의 판단 기준이, 선수에게 기대(요구)되는 플레이의 '하한선'으로 작용하기 때문입니다. 차이가 나는 것은 'Error'의 판단 기준이 아니라, 선수들이 펼치는 플레이의 상한이 어디까지이냐에 있겠지요.

예컨대 사회인야구 선수가 프로야구 선수처럼 내야 강습타구를 다이빙캐치로 잡아내 타자주자를 1루에서 아웃시키는 장면은 좀처럼 보기 어려울 것입니다. 또한 140km/h대의 강속구를 던지는 투수도 사회인야구 리그에서는 아마도 찾아보기 힘들겠죠. 그러나 이는 'Error'와는 무관합니다. 즉 140km/h를 던지는 투수가 없더라도, 이종범 선수 같은 유격수가 없더라도 제대로 된 야구를 하는 데에는 아무런 지장이 없습니다. 그러나, 경기에 참여하는 선수들이 '응당 할 것으로 기대(요구)되는 플레이'의 하한선, 즉 'Error'의 기준을 넘어서지 못하는 플레이를 쏟아낸다면 이야기는 달라집니다. 이 경우에는 심하면 경기의 성립 자체가 사실상 불가능하기도 합니다. 예컨대 스트라이크를 던질 능력이 없는 투수가 공을 던진다면, 경기는

D
D

1회 초 노아웃 상황에서 영원히 끝나지 않을 것입니다. 내야수가 '평범한' 땅볼 타구를 처리할 능력이 없는 경우도 마찬가지이겠지요. 즉, 'Error'라는 기준은 야구 경기가 '경기로서 성립하기 위해' 넘어서야 할 최소한의 조건인 것입니다. 따라서 설사 프로야구 경기라 하더라도 Error가 남발하는 경기는 Error 없이 끝난 고교야구 경기보다 나을 것이 전혀 없습니다.

야구의 룰은, 위와 같이 '응당 할 것으로 기대(요구)되는 플레이'의 하한선에 맞추어 정교하게 작성된, 공정하고 균형 잡힌 M&A Mergers & Acquisitions (인수·합병) 계약서와 같습니다. M&A 계약서의 각 조문마다 매도인과 매수인의 이해관계가 팽팽하고 긴장감 있게 대립되듯이, 예컨대 타자가 내야땅볼을 친 경우 또는 1루 주자가 도루를 시도한 경우, 1루 또는 2루에서는 대부분 간발의 차로 접전이 펼쳐집니다. 이는 통상적인 운동능력을 가진 젊은 남성이라면, ① 100m를 주파하는 데 대략 12~13초 정도가 걸린다는 점, ② 라인드라이브로 송구할 수 있는 거리가 40~50m 정도라는 점, ③ 송구할 때의 볼의 스피드는 100~120km/h 정도라는 점 등이 오묘한 조화를 이루고 있기 때문이지요.

위에서 예로 든 세 가지 능력 가운데 어느 한 가지 능력이라도 현저히 결여되어 있는 선수가 뛰고 있는 경기는, (단지 팽팽한 긴장감이 깨어지는 데에서 그치는 것이 아니라) 더 이상 우리가 머릿속에 그리는 야구 경기의 모습이 아닐 것입니다. 즉 어느 한 선수라도 야구의 룰이 요구하는 하한선에 미치지 못할 경우 제대로 된 야구 경기는 성립되기 어려운 것입니다. 팽팽한 대립관계가 깨어진 상태에서 작성된 M&A 계약서가 단지 '종이'에 불과한 것처럼 말입니다. 요컨대, 그 '하한선'으로서의 역할을 하는 것이 바로 'Error'이기 때문에, 'Error'를 뜻하는 'E'가 스코어보드의 세 번째 자리를 차지하는 것은 어찌 보면 당연하다 하겠습니다.

'B'에 관하여

야구 전광판 스코어보드의 네 번째에 오는 알파벳은 볼넷base on balls과 사구死球, hit by pitched ball를 의미하는 'B'입니다. 볼넷과 사구 역시 아웃카운트의 손실 없이 타자가 출루하고, 선행 주자를 진루시킬 수 있는 매우 중요한 기록이기 때문에 스코어보드에 기록될 가치가 있음은 물론입니다. 볼넷과 사구의 가치에 대해서는 장을 바꾸어 다른 각도에서 상세히 언급하도록 하겠습니다.

제3장

스트라이크를 외치는 심판의 자리

Umpire? Referee?
뭐가 다른데??

야구 경기의 심판은 영어로 'umpire'라고 합니다. 다른 대부분의 스포츠에서는 심판을 'referee'라고 부르는 것과 차이가 있지요. 왜 'umpire'와 'referee'라는, 엄연히 구별되는 단어를, 우리는 '심판'이라는 하나의 용어로 뭉뚱그려 부르고 있는 것일까요? 일단 우리가 수입한 대부분의(실제로는 전부에 가까운) 서구의 스포츠는 모두 일본을 통하여 조선반도에 들어왔다는 점을 기억할 필요가 있습니다. 그리고 '심판'이라는 단어 역시 일본어의 '審判'이라는 단어를 발음 나는 대로 표기한 것이라는 점도 기억하기로 하죠.

MS HW

그러면 여기서 두 가지 가설을 떠올려 볼 수 있습니다. 우선, 19세기 말 메이지유신明治維新 이후 '탈아입구脫亞入歐'의 깃발 아래 일치단결하여 '물질'과 '정신'을 가리지 않고 서구문명의 모든 것을 빨아들이던 일본이었지만, 강력한 제국주의 국가의 건설과는 그다지 큰 관련성이 없어 보이는 '스포츠(의 수입)'에 있어서까지 동일한 정도의 에너지를 쏟아붓는 것은 다소 비효율적이라고 생각했을 수도 있었을 것입니다. 즉, umpire에 딱 들어맞는 일본어 단어를 만들어내는 데 실패했던 것이지요. 그게 아니라면, 이번에도 역시 '일본다운' 치밀한 연구를 거듭한 결과, '審判'이라는 단어가 'umpire'와 'referee'를 모두 포함하는 포괄적인 개념이라는 결론에 도달하였을 수도 있습니다. 그런데 사실, 위 두 가지 중에 어느 것이 진실인지를 따질 필요는 없습니다. 중요한 것은, 무슨 이유에서인지, 야구 경기의 심판은 다른 종목의 심판과는 달리 당초부터 '특별한 취급'을 받아왔고, 스포츠 용어 하나하나를 일본어로 번역(내지 창조)하던 일본의 학자들 역시 그러한 인식을 공유하고 있었다는 점입니다.

'탈아입구', 일본이 야구에 몰입하게 되다

탈아입구脫亞入歐란 '아시아를 벗어나 서구로 편입된다'는 의미입니다. 즉 서구 세계의 구성원으로 편입되고자 한, 당시 일본 사회의 이데올로기로 작용한 일종의 '시대정신'이었던 것입니다. 그러나 이는 단순히 열심히 서구를 모방하여 흉내 내자는 정도의, 혹은 21세기의 대한민국이 올인하고 있는 영어몰입교육 따위의 유치한 수준과 비교될 수 있는 것이 아니었습니다. 19세기 일본이 추구한 '탈아입구'는, 서구 세계가 2000년 동안 쌓아 올린 지성과 지식을 일본의 내면으로 흡수하여 철저히 일본화日本化시키고자 한, 극히 어렵고 방대한 작업이었던 것입니다. 그와 같이 어렵고 방대한 작업의 최고봉이 바로 번역 작업이었습니다. '번역'이란, 번역하고자 하는 텍스트에 대한 완전한 이해와, 당해 언어의 완벽한 구사 능력 없이는 불가능합니다. 영어 단어 하나 또는 독일어 단어 하나를 일본어로 옮기는 작업(또는 그에 맞는 일본어 단어를 만드는 작업) 하나하나가 서구의 2000년 학문을 내재화시키는 엄청난 의미를 갖는 것이었습니다. 이러한 튼튼한 펀더멘털fundamental이 있었기에, 오늘날 일본의 대학에서는 일본어로 물리학 연구가 이루어지고, 일본어로 된 논문에 노벨상이 수여되고 있는 것입니다.

그 '특별한 취급'이 무엇일까요? 영어 좀 하시는 분들은 야구 경기의 심판을 가리키는 영어 단어 'umpire'가 주는 어감과, 야구 이외 종목의 심판을 일컫는 영어 단어 'referee'가 주는 어감의 차이에서 이미 사알짝 감을 잡으셨을 것입니다. 그것은 바로 '권위authority의 높고 낮음'입니다. 즉 야구 경기의 심판umpire이 야구 경기의 진행 과정에서 갖는 권위는, 다른 스포츠(예컨대 농구 또는 축구 등)의 심판referee이 당해 종목 경기의 진행에 있어 갖는 권위보다 훨씬 더 큰 것입니다(물론, 이는 심판이 당해 종목의 경기에서 차지하는 위상과 권위를 의미하는 것일 뿐, 당해 경기를 떠나 사회적 지위의 높고 낮음을 의미하는 것은 아닙니다).

Umpire의 역설!

그렇다면 무엇이 이와 같이 야구 심판의 권위를 높여준 것일까요. 왜 유독 야구 심판만 'referee'가 아닌 'umpire'라는 고고한 이름으로 불려온 것일까요.

그 이유는 역설적이게도, 야구 심판이 경기 진행 과정에서 판단해야 할 사항들이 거의 대부분 매우 단순하고 기계적이며 극히 1차원적인 것들이라는 점에 있습니다. 예컨대 ① 투수가 던진 공이 스트라이크 존을 통과했는지 아니면 통과하지 못했는지, 또는 ② 야수의 송구와 타자의 발 중 무엇이 베이스에 더 빨리 도달하였는지 등과 같이, 야구 경기의 심판이 판단해야 하는 것은 오로지 사실관계fact,

좀 더 극단적으로 표현하면 O/X 중의 선택 문제 그 자체일 뿐입니다. 즉 여기에는 심판의 재량이나 가치판단이 개입될 여지가 전혀 없는 것입니다. 이와 같이 '관념상으로' 존재하는 단 하나의 진실한 사실관계를, 우리는 통상 '실체적 진실(또는 실체진실)'이라고 부릅니다. 이를테면 '이데아idea' 같은 것 말입니다.

그런데 여기서 중요한 점은, 이 '실체진실의 발견'은 본래 인간의 오감五感을 벗어나는 영역이라는 점입니다. 마치 '존재한다는 사실' 그 자체는 확실하나 어디에 어떤 형태로 존재하는지는 확정 지을 수 없는 현대 물리학의 '전자구름모형'을 떠올리면 얼추 비슷할까요? 아니면 특정 상수(실체진실)의 존재를 전제로 끝없이 수렴하지만 결국 여기에 도달할 수는 없는 '무한등비(등차)수열'과 좀 더 유사하다고 보아야 할까요. 어느 경우이든, 즉 인간은 어딘가에 존재하는 객관적 실체진실에 끝없이 다가가고는 있으나 결코 이에 완전히 도달할 수는 없다는 것입니다.

실체진실의 발견이 인간의 본태적 능력 밖의 문제라면, 결국 이 간극을 메우는 길은, 특정한 자의 판단에 대해 인위적으로 권위를 부여하고, 그의 판단을 그대로 '실체진실'로 의제擬制*하는 방법밖에 없다고 할 것입니다. 야구 심판은 바로 (야구에 관련된 모든 사람들의 합의에 의해) 이러한 권위를 인위적으로 부여받은 사람들입니다. 그리고 이에 대한 이의제기는 내용의 당부를 떠나 그 자체로서 허용되지 않아왔죠. 실체진실을 밝히는 자의 권위를 무너뜨리는 행위는 야구 자체의 존립 근거를 소멸시켜버리는 것과 마찬가지이니까요. 조금 더 직설적으로 설명하면, 야구 심판은 적어도 그라운드에서만큼은 '신이 해야 할 일을 대행하는 사람'들인 것입니다. 이것이 바로 야구 심판의 드높은 권위의 원천이었던 것이죠.

그렇다면, 심판이 어떠한 판단(결정)을 함에 있어 고려하거나 참작해야 할 요소가 많을수록, 즉 심판의 재량이나 가치판단이 개입될 여지가 큰 스포츠일수록 (일반적인 통념과는 달리) 오히려 심판의 권위는 낮아지게 된다는 논리를 자연스럽게 이끌어낼 수 있게 됩니다. 즉, 심판의 판단 대상

---

* '의제(擬制)'란 본래 법률용어로서, '비록 본질적으로는 다르지만, 같은 것으로 보아 처리한다'는 의미입니다. '간주(看做)'와 비슷하지만, '간주'는 '본질적으로 유사하기 때문에' 같은 것으로 본다는 의미임에 반하여, '의제'는 '본질적으로 다름에도 불구하고' 어떠한 특정한 목적에 의해 같은 것으로 처리한다는 의미로서, 양자는 그 의미에 있어 다소 차이가 있습니다.

한화

이 신의 영역(진실/거짓 판단)에서 인간의 논리적·경험적 사고 내지 판단의 영역으로 내려오면 내려올수록, 심판의 권위는 낮아지게 되는 것입니다.

예컨대, 농구 경기에서 골밑을 향해 빠르게 드라이브인drive-in을 시도하는 공격자를 골밑을 지키고 있던 수비자가 몸으로 막아내어 공격자와 수비자가 함께 넘어지게 된 상황을 가정해봅니다. 이 경우, 공격자가 최초 드라이브인을 시도할 당시 수비자가 어디에 위치하고 있었는지, 수비자가 공격자의 공격 루트를 적극적으로 함께 따라 움직이며 공격을 저지했는지 아니면 주로 한자리에 머물러 몸통과 팔만 사용하여 슛을 저지한 것에 불과한 것인지, 공격자와 수비자 중 누가 더 몸싸움에 적극적이었는지 등 수많은 요소를 고려하여, 심판은 거의 동일한 상황을 두고 공격자 반칙offensive foul을 선언할 수도 있고, 또 수비자의 반칙defensive foul을 선언할 수도 있습니다. 즉, 끊임없이 유사한 상황이 반복되는 가운데, 각각의 상황에서 심판이 판단(결정)을 내리기 위해 고려해야 할 사항은 너무나도 다양하고 때로는 이질적이기도 하기 때문에, 경기에 참여하는 선수나 코치들은 그때그때마다 제각각 자신의 논리를 세워

억울함을 표시하고, 때로는 강하게 어필하기도 합니다. 한편, 위와 같은 상황에서 주심은 아무도 생각지도 않았던 워킹 바이얼레이션traveling violation 또는 3초룰3seconds rule 위반을 선언함으로써, 순식간에 상황을 뒤집어놓을 수도 있지요. 이렇게 선수들은 자신의 관점에서 경기를 해석하고, 심판은 심판의 관점에서 경기를 진행하게 되는데, 이와 같이 격렬한 농구 경기가 끝나면 패배한 팀의 선수들은 통상 승리한 상대 팀이 아닌, 심판들에 대한 악감정을 가지게 되는 웃지 못할 상황이 적지 않게 발생하곤 합니다.

여기서 잠깐!

대한농구협회 규정집에는, '3초룰'의 경우 별도로 시간 계측원을 두지 아니하고, "심판이 마음속으로 (3초를) 센다."고 규정하고 있습니다. 따라서 3초룰의 경우 축구의 오프사이드off-side에 해당하는 매우 중요한 규칙임에도 불구하고, 그 적용이 일관되지 못하고 자의적인 경우가 매우 많은 것으로 지적되고 있습니다.

또한 예컨대 축구 경기의 경우 이미 오래전부터 '헐리우

드 액션hollywood action'이라는 용어가 보편화되어 있을 정도로, 어떤 상황에서 누구에게 파울을 선언할 것인지 말 것인지의 문제는 아예 선수와 심판 간의 서로 속고 속이는 문제로 인식되고 있을 정도입니다. 이는, 심판의 판단권(재량권)이 이제는 선수에 의해 농락되는 수준에까지 이르렀다는 의미이겠죠. 사실 축구 경기에서의 심판(특히 주심)은 매우 권위가 강해 보이지만(특히 반칙을 한 선수를 향해 가차 없이 레드카드를 꺼내어 들 때에는 순간적으로 엄청난 카리스마를 내뿜기도 하죠), 실은 가장 심판의 권위가 보잘 것 없는 스포츠로 축구를 꼽아도 크게 어긋나지 않을 것입니다.

앞에서 농구 경기와 축구 경기의 경우에서 언급한 바와 같이, '심판이 어떠한 판정을 내리기 위해 고려할 요소가 다양하고 또 넓은 재량권을 갖는다'는 것은 (얼핏 생각하면 심판의 권한이 센 것처럼 보여질 수도 있으나), 실은 '불리한 판정을 받은 팀은 마음만 먹으면 언제든지 항의할 명분을 가질 수 있다(만들 수 있다)'는 것을 의미하기도 합니다. 생각이 여기에 미치면, 결국 농구 경기(또는 축구 경기)의 심판과 야구 경기의 심판은 경기 진행 과정에서의 역할과 요구되는 자질이 근본적으로 다르다는 점을 어렵지 않게 깨달을 수 있을 것입니다. 훌륭한 농구 심판(또는 축구 심판)은 경기 흐름을 매끄럽게 이어가고, 불리한 판정을 받은 팀이 가급적 억울해하지 않는(승복할 수 있는) 판정을 내리는 심판이겠지요. 그러나 훌륭한 야구 심판은 조금 다릅니다. 앞서 언급했듯이 야구 심판은 적어도 그라운드에서는 신의 역할을 대신하여 실체적 진실을 발견하고 선언하는 자입니다. 그렇다면, 훌륭한 야구 심판은 오심이 한 개라도 더 적은 심판이라고 해야 할 것입니다.

오심은 경기의 일부가 아니다

"오심도 경기의 일부다."라는 말은 틀렸습니다. 이는 본래 축구 경기에서 나온 격언(?)입니다. 더욱이, 실은 자신의 판정이 오심이었음이 밝혀진 뒤 무안해하는(또는 무안해할) 축구 심판들이, 자신과 동료 심판들을 위해 만들어낸 그럴듯한 말장난에 불과합니다. 도대체 어떻게 오심이 경기의 일부가 될 수 있다는 이야기인가요? 심판도 인간이라 어차피 오심은 피할 수 없으니, 경기의 일부라는 이야기인가요? 경기의 일부이니 아무리 많아도 어쩔 수 없다는 것인가요? 문명국가라면, 잘못된 재판을 없애기 위해 끊임없이 노력합니다. 사법제도를 인간이 만든 이상, 잘못된 재판이 없을 수는 없겠지만, 이것이 제로(0)로 수렴하도록 노력하는 것은 당연한 것입니다. 한 걸음 더 나아가, 축구 경기의 규칙집에는 "반칙을 당한 팀이 그에 불구하고 곧바로 유리한 상황을 맞게 되었을 때에는 그대로 중단 없이 경기를 진행한다."는, 일명 어드밴티지 룰advantage rule을 아예 명문화시켜 놓고 있기도 합니다. 한마디로 이는 "오심도 경기의 일부."라는 그럴싸한 '구라('이야기'를 속되게 이르는 말)'를 조금이라도 더 합리화하기 위해 (심판 자신들을 위하여) 만들어놓은 안전장치 그 이상도 이하도 아닌 것입니다.

그러나 신神을 대리하여 실체진실을 발견해야 하는 사명을 띤 야구 심판에게 이러한 변명은 전혀 그럴싸하지도, 타당하지도 않습니다. 즉 야구 경기에서 오심은 결코 경기의 일부일 수 없습니다(야구 경기에서 심판의 판단재량이 작용할 수 있는 부분은 기껏해야 보크(balk) 판정 정도일 것인데, 보크가 선언되는 경기는 많아야 일 년에 한두 번 정도에 불과합니다). 최근 영상 장비와 중계 기술의 발달로 카메라가 오심을 잡아내는 경우가 많아지고 있습니다. 이에 대해 스포츠의 본질이 훼손될 수 있다고 우려하는 목소리도 종종 들려옵니다. 그러나 잘못된 판정임을 알고도 묵인하는 것이 스포츠의 본질은 아닙니다. 실체진실에 조금 더 가까이 다가갈 수 있는 방법이

생겼는데, 이를 막고 기존의 방식을 고집하는 것은 어떠한 항변으로도 설명될 수 없습니다. 마치 펜싱 플뢰레Fleuret 경기에서 찌르기 공격 성공 여부를 1차적으로 칼과 몸에 부착된 전자 센서가 감지하고, 사후적으로 심판이 이를 다시 심사하듯, 이는 판정 오류를 줄임으로써 스포츠 경기에 대한 신뢰도를 높이는 결정적인 계기로 활용되어야 하는 것입니다.

제4장

견제하는 자를 견제하라
-'보크(balk)'의 철학-

투수는 공격자인가 수비자인가

이번 장에서는 조금 어려운 이야기를 해보려 합니다.

통상 공을 가지고 하는 스포츠는 공을 소유(보유)하고 있는 팀(선수)이 공격자가 됩니다. 일단 공을 가지고 있어야 상대편의 골대에 집어넣든, 상대편의 코트 구석으로 찔러 넣든, 뭐든 해볼 '기회'가 있는 것이니까요. 즉 공을 소유(보유)하고 있는 팀이 득점할 수 있는 그런 구조인 것입니다. 그런데 너무나도 당연하여 더 이상 덧붙일 말이 없을 것 같은 이 '상식'에도 예외가 있습니다. 바로 우리가 지금 펼쳐놓고 있는 야구 이야기입니다.

공의 보유 여부를 기준으로 삼는다면, 투수는 분명 공격수입니다. 투수가 타자(정확히는 '홈 플레이트'이겠지요)를 향해 공을 던지는 행위 자체도 본질적으로 '공격'에 가깝습니다. 투수가 온몸의 힘을 짜내어 던진 공이 스트라이크 존을 통과하여 포수의 미트에 꽂히기 전에, 타자는 이를 파울라인 안쪽 그라운드로 쳐내야 합니다. 타자에게 주어진 기회는 단 3번. 투수가 던질 공을 머릿속에 그리며 배트를 쥐고 초조하게 투수를 응시하는 타자의 모습은, 분명 전형적인 수비수의 그것과 다르지 않습니다. 축구 경기에서, 공을 몰고 전속력으로 돌진해 오는 최전방 공격수와 1 대 1로 맞서는 골키퍼의 모습 그리고 농구 경기에서, 드라이브인drive-in을 시도하는 상대 팀 포워드를 온몸으로 막아서는 장신 센터의 모습과 너무나도 흡사합니다.

투수판으로부터 좀 더 시야를 넓게 가져가보도록 하죠. 투수의 '짝꿍'은 포수catcher입니다. 극단적으로, 야구 경기에서 투수가 던진 공을 타자가 '건들지 못한다'고 가정할 경우, 투수와 포수 간에 하염없이 공 주고받기만 하다가 경기가 끝나버릴 것입니다. 이 모습을 연상하면서, 다시 한번 확실히 해둘 명제가 있습니다. 투수는 스스로 점수를

낼 수는 없지만, 투수(와 포수)는 공을 소유하고 이를 무기로 타자들을 공격해 들어가는, 공격 최전선에 서 있는 '스트라이커'라는 점입니다.

영원한 불사조 박철순 선수는 언젠가, '투수'라는 포지션이 가지는 매력이 무엇이냐는 기자의 질문에 "가장 높은 곳에서 경기를 이끌어가는 선봉장."이라고 표현했습니다. 18자 이내의 글자로써, 야구 경기에서의 투수의 본질을 이보다 더 잘 설명해낼 수 있는 사람이 또 있을까요? 박철순 선수의 표현 그대로입니다. 투수는 선두에서 말을 타고 돌진하며 활시위를 당기는 장수將帥이자 총사령관입니다. 투수의 힘찬 와인드업wind-up으로써 경기는 시작되고, 투수가 마지막 아웃카운트를 잡아냄으로써 경기는 끝이 납니다. 이 모든 상황을 '그라운드의 한복판 가장 높은 곳'에서 관장하며 1구球 1구球 경기를 진행시켜 나아가는 자가 바로 투수인 것입니다.

여기서 "투수가 경기를 진행시켜 나아간다."는 것은 투수가 심판umpire과 유사한 권한을 갖는다거나 그러한 역할을 한다는 것을 의미하는 것이 아닙니다. 이는 다만 투수가 '(룰이 허용하는 범위 내에서) 자기의 뜻대로 경기를 진행시킬 수 있다'는 것을 의미하는 것입니다. 투수는 타자에게 투구를 할 수도 있으며, 주자가 있는 베이스에 견제할 수도 있습니다. 공을 언제 어떤 타이밍에서 던질지도 원칙적으로 투수가 결정하지요. 투수는 오로지 자기 리듬에 맞추어, 자기가 던지고 싶을 때 공을 던지면 됩니다(물론 최근 한국야구위원회는 경기의 빠른 진행을 위해, 주자가 없는 경우 20초 이내에 투구를 하여야 하는 로컬 룰(local rule)을 만들었지만 이는 야구 본래의 룰이 아니므로 이에 대한 자세한 논의는 생략하겠습니다).

그러다가 영 리듬이 흐트러진다 싶을 경우 투수판에서 잠시 발을 빼고 쉬어도 되고요. 투수판에 다시 발을 올려놓은 뒤에도 타자를 향해 투구를 할지, 아니면 재빨리 발을 풀어 견제구를 던질지 이는 전적으로 투수의 재량에 속합니다(물론, 현실적으로는 대부분 벤치의 사인을 받겠지만, 이는 재량권을 '실질적으로' 행사하는 '주체'에 관한 문제일 뿐, 투수가 그러한 재량권을 갖는다는 점에는 변함이 없습니다). 즉 투수와 타자의 관계에서, 그리고 투수와 주자의 관계에서, 경기를 이끌어가는 주도권, 즉 이니셔티브initiative를 쥐고 있는 것은 어디까지나 '투수'인 것입니다.

보크(balk)의 탄생

'보크balk'라는, 스포츠 역사상 유례가 없는 이 복잡한 규칙은 바로 이와 같이 막강한 투수의 권력을 '견제'하기 위해 만들어진 장치입니다. 3만 관중이 투수의 일거수일투족에 초超집중하고 있는 것만으로는 부족합니다. 투수가 자신에게 주어진 권력을 '법적으로' 행사하기 위하여, 무언가 성문법의 형식으로 제도화된 엄격한 절차적 요건이 필요한 것입니다. 투수의 재량권은 무한대일 수 없습니다. 원칙적으로 재량권은 보장하되, 그 절차와 행사 방법은 정해놓아야 합니다. 투수가 구체적으로 행사한 재량권(타자에게 어떤 타이밍에서 투구하고, 주자에게 언제 견제구를 던질지에 관한)은, 이러한 절차적 요건을 충족시켜야 적법성을 인정받는 것입니다. 투수가 가지는 권력에 대한 견제 장치가 필요한 것입니다. 마치 대통령이 공포한 법령이 효력을 갖기 위해서는 사전에 국무회의의 의결을 거쳐야 하는 것처럼 말이지요. 그리하여 탄생한 제도화된 엄격한 절차적 요건이 바로 '보크'에 관한 규정들인 것입니다.

예컨대 투수판에 축軸이 되는 발을 올려놓은 순간, 투수는 주자 견제에 있어 크나큰 제한을 받게 됩니다. 이 단계에서 주자를 견제하기 위해서는 원칙적으로 투수판에서 발을 빼야 하기 때문이지요. '투수판에 축이 되는 발을 올려놓았다'는 것은 투수가 투구 동작에 들어갔다는 것을 의미합니다. 즉 이제 타자와 주자로서는, 투수의 다음 플레이가 무엇일지에 관해 예측할 수 있는 상태에 들어간 것이죠. 이와 같이 합법적으로 형성된 예측가능성을 비합법적인 방법으로 깨버려서는 곤란합니다. 투수는 오로지 사전에 정해진 절차와 방법에 따라 원상 복귀(투수판에서 발을 떼는 것)함으로써만 타자와 주자가 갖게 된 예측가능성을 해소할 수 있는 것입니다. 여기서 더 나아가 투수가 글러브에 양손을 모으고 정지 동작(이른바 '세트포지션(set position)')에 들어간 경우, 투수의 권력(즉 타자를 향하여 투구를 할지, 아니면 주자를 향해 견제구를 던질지, 투구 혹은 견제구를 던진다면 어느 타이밍에 던질지를 모두 스스로 결정할 수 있는 막강하고도 합법적인 권력)에 대한 견제는 극에 달합니다. 예측가능성이 높아진 만큼 이를 '합법적으로' 해소시키기 위해서 거쳐야 하는 절차가 복잡해진 것이죠. 투수의 아주 작은 움직임 하나하나가 감시와 통제의 대상이 되는 순간입니다.

"견제받지 않는 권력은 부패한다."는 명제는 이와 같이 야구의 룰 안에 자연스럽게 녹아 들어가 있습니다. 하지만 투수는 이와 같은 엄격한 견제를 모두 견딜 만큼 충분한 가치가 있는 매력적인 포지션임에 틀림없습니다. 투수는 "가장 높은 곳에서 경기를 이끌어 가는 선봉장."이니까요.

우리는 대통령이 국민을 기만하여 위법한 방법으로 권력을 행사하였을 때, 종국에 탄핵되어 권력을 잃게 되는 생생한 과정을 목격했습니다. '보크'라는 규정은 그라운드의 가장 높은 곳에서 경기를 지배하는 투수가, 자신이 지닌 막강한 권력을 행사함에 있어 상대 팀의 타자와 주자를 기만해서는 안 된다는 준엄한 명령에서 비롯된 것입니다. 투수가 얕은 꾀를 써서 타자와 주자를 현혹시킨다면 그것은 이미 '공정함'이라는 스포츠 정신에서도 벗어나겠지요. 야구를 야구답게 만드는, 어렵지만 가장 중요한 룰, 그것이 바로 보크에 관한 규정입니다.

참고로, 한국야구위원회의 공식 야구규칙집의 보크 관련 규정은 다음과 같습니다.

8.05 베이스에 주자가 있을 때 다음의 경우 보크가 된다.

(a) 투수판에 중심발을 대고 있는 투수가 투구와 관련된 동작을 일으키다가 투구를 중지하였을 경우

(b) 투수판에 중심발을 대고 있는 투수가 1루 또는 3루에 송구하는 시늉만 하고 실제로 송구하지 않았을 경우

(c) 투수판을 딛고 있는 투수가 베이스에 송구하기 전에 발을 똑바로 그 베이스 쪽으로 내딛지 않았을 경우

(d) 투수판에 중심발을 대고 있는 투수가 주자가 없는 베이스에 송구하거나 송구하는 시늉을 하였을 경우. 단, 플레이에 필요하다면 상관없다.

(e) 투수가 반칙투구를 하였을 경우

(f) 투수가 타자를 정면으로 보지 않고 투구했을 경우

(g) 투수가 투수판을 밟지 않고 투구와 관련된 동작을 취하였을 경우

(h) 투수가 불필요하게 경기를 지연시켰을 경우

(i) 투수가 공을 갖지 않고 투수판을 밟거나 걸쳐 섰을 경우 또는 투수판에서 떨어져 투구와 관련된 시늉을 했을 경우

(j) 투수가 정규의 투구자세를 취한 후 실제로 투구하거나 베이스에 송구하지 않고 공에서 한쪽 손을 떼었을 경우

(k) 투수판에 중심발을 대고 있는 투수가 고의 여부에 관계없이 공을 떨어뜨렸을 경우

(l) 고의4구를 진행중인 투수가 포수석 밖에 나가 있는 포수에게 투구하였을 경우

(m) 투수가 세트포지션으로 투구할 때 완전히 정지하지 않고 투구하였을 경우

제5장

야구는 감독이 두는 장기(將棋)가 아니다

'번트(bunt)'의 함정

1. 금기어 '번트', 드디어 논란의 중심으로

앞 장에서 설명한 '보크balk'가 야구에서 가장 난해한 룰rule이라면, 이번에 이야기할 '번트bunt'는 가장 논란이 많은 작전 방법 또는 전략·전술의 하나입니다. 그럼에도 불구하고 가장 흔하게 사용되는 작전이지요. 그리고 '번트 작전을 얼마나 자주 사용하는가' 하는 문제는, 어떠한 나라의 (프로)야구 리그 또는 야구 감독의 야구를 대하는 철학, 즉 야구관을 파악하는 중요한 요소가 되기도 합니다. 소위 '스몰볼small ball'과 '빅볼big ball'을 구분 짓는 키워드인 셈이지요.

베이징 올림픽 전승 우승을 일구어낸 명장 김경문 감독

우선, 한 가지 언급하고 싶은 것은, 이 '번트'라는 것이 조금 미화되어 있는 느낌이 있다는 점입니다. '번트'의 대부분을 차지하는, '희생번트sacrifice bunt' 때문입니다. 즉 "주자를 진루시키기 위해 타자가 자신을 희생하여 아웃을 당하니 이 어찌 아름답지 아니한가!!"라는 식의 이야기이지요. 그러나 사실 타석에 들어서는 타자 가운데, 자신의 자유로운 의사결정에 따라 희생번트를 대는 타자는 아마 거의 없을 것입니다. 모두 벤치의 작전에 따라 '어쩔 수 없이' 희생번트를 대는 것일 뿐입니다. 그렇다면, 일단 그 '희생'이 '자발적'이거나 '고귀한' 희생이 아니라는 점에 대해서, 더 이상 이견은 없겠지요?

한 꺼풀 더 벗기고 들어가봅니다. 희생번트는 타석수打席數에는 들어가지만 타수打數에는 들어가지 않는다는 것은 야구 상식이죠. 즉 타자의 타율batting average, 출루율on base percentage* 및 장타율slugging average**에 영향을 미치지 않는다는 것입니다. 이에 반하여 희생플라이의 경우 타율

---

* $\text{출루율} = \dfrac{\text{안타} + \text{볼넷} + \text{몸에 맞는 볼}}{\text{타수} + \text{볼넷} + \text{몸에 맞는 볼} + \text{희생플라이}}$

** $\text{장타율} = \dfrac{\text{총루타수}}{\text{타수}}$

및 장타율에는 영향을 미치지 않지만, 출루율에는 마이너스 요인으로 작용한다는 점을 상기할 필요가 있습니다. 즉 타자가 외야 방면으로 희생플라이를 쳐서 3루 주자가 태그업tag-up 하여 득점한 경우, 타자의 타율(및 장타율)에는 변동이 없지만 출루율은 떨어지는 것과 비교해보면, 야구에서 희생번트는 그야말로 '확실하게' 대접받고 있는 것입니다. 다시 한번 정리하거니와, 희생번트를 댄 선수는 적어도 개인 성적에 있어서는 어떠한 불이익도 받지 않는 것입니다.

희생번트의 본질

사실 희생번트는, 예컨대 농구나 축구 경기에서 직접 슛을 쏘지 않고 (자신보다 더 득점이 용이한 위치에 있다고 판단되는) 자기 팀 선수에게 패스하는 것과 그 본질에 있어 완전히 동일합니다. 다만 개인 종목으로서의 성격이 강한 야구는 선수 개개인의 플레이 하나하나를 모두 개인 기록으로 남겨야 하는바, 감독의 지시에 따라 어쩔 수 없이 고의로 아웃을 당한 선수가 개인 기록에서 손해를 보는 일이 없도록 해줄 필요가 있었고, 이러한 상황을 처리하기 위해 '희생'번트라는 용어를 고안해낸 것에 불과한 것입니다.

한마디로, '희생'번트로 인해 '희생되는 것'은 번트를 댄 선수가 아니라, 단지 그 팀의 아웃카운트뿐이라는 점을 기억할 필요가 있습니다(이렇게 타자가 '희생번트'를 대고 아웃을 당하더라도 개인 성적 계산에 있어서는 어떠한 불이익도 받지 않는다는 것은 야구가 외형상 단체 경기임에도 철저히 개인 종목으로서의 성격을 가지고 있다는 것을 방증하는 좋은 예일 것입니다).

2. 번트작전, 실제로 얼마나 유용한가

위에서 본 바와 같이 희생번트는 그 이름만큼 본래 '아름다운' 것도 아니고, 설령 타자가 '어쩔 수 없이' 벤치의 지시에 따라 희생번트를 댔다고 하더라도 개인 성적에서 아무런 불이익을 받지도 않는다는 점을 인정한다면, 이제 남은 것은 희생번트가 과연 '작전 또는 전술로서 얼마나 효과적이냐'의 문제뿐입니다.

자, 그렇다면 희생번트는 과연 득점을 하기 위한 효과적인 작전일까요.

희생번트가 가장 많이 사용되는 상황을 상정해봅니다.

무사 1루에서 희생번트로 인해 1사 2루가 되는 상황입니다. 무사 1루 vs. 1사 2루, 과연 어느 쪽이 득점을 올리는데 유리할까요(아래에서는 논의의 편의상 승리를 위해 단 '1점'이 필요한 상황이라고 가정합니다).

(1) 무사 1루에서의 득점 확률

가. 주자가 발이 매우 느리거나 타구 판단이 특별히 애매한, 극히 예외적인 경우가 아닌 한, 1루에 있는 주자를 홈으로 불러들이기 위해서는 2루타 하나면 충분합니다. 즉 무사 1루의 상황에서, 3아웃이 되기 이전에 2루타 이상의 장타 1개가 나오면 득점이 가능합니다. 구체적으로, 다음의 세 가지 경우가 이에 해당합니다.

① 후속 타자가 바로 2루타(이상의 장타)를 친 경우
② 후속 타자가 아웃되고 그다음 타자가 2루타(이상의 장타)를 친 경우*

* 후속 타자가 아웃되더라도 이때 선행 주자(1루 주자)가 진루한 경우에는 단타로도 득점이 가능할 것입니다. 그러나 무사 1루에서의 득점가능성을 최대한 보수적으로 계산해내기 위해, 후속 타자의 타구가 진루타가 된 경우는 배제하고자 합니다. 같은 이유에서 1루 주자가 도루나 폭투 등에 의해 진루하게 된 경우도 모두 배제하고, 득점을 위해 오로지 안타가 필요하다는 전제하에 논의를 전개하겠습니다.

③ 후속 타자가 연달아 2명 아웃된 후 세 번째 타자가 2루타 이상을 친 경우

여기서 잠깐!

물론 주자가 1루에 있는 상황에서 2루타가 나오더라도 1루 주자가 홈까지 들어오지 못할 가능성은 얼마든지 있습니다. 예컨대 1루 주자가 3루까지밖에 진루하지 못하거나, 홈베이스에서 아웃될 수도 있을 것입니다. 그러나 이하에서는, 이렇게 1루 주자가 홈까지 들어오지 못하는 예외적인 확률은 후술하는 '큰 수의 법칙'에 따라 다른 모든 팀들에게도 거의 동일하다고 전제하고 통계를 산출하였습니다.

위 각 득점 루트의 확률을 계산하기 위해 2018년도에 한국 프로야구 타격 10위 안에 든 10명의 타자의 세부 기록을 뽑아보았습니다. 그리고 이들 선수가 각자 기록한 총장타수를 타수로 나누어 '장타를 칠 확률'이라는 개념을 새로이 설정하고, 이를 산출해 보았습니다. 여기서 '장타를 칠 확률'은 장타율slugging average과는 전혀 별개의 개념으로서, 표현 그대로 타석에 들어선 타자가 2루타든 3루타든 홈런이든, 구별 않고 어쨌거나 장타를 쳐낼 확률을 의미합니다.

선수명	타율	타수	안타	2루타	3루타	홈런	총장타수	장타를 칠 확률
김현수	0.362	453	164	39	2	20	61	0.134
양의지	0.358	439	157	29	1	23	53	0.121
이정후	0.355	459	163	34	2	6	42	0.092
박병호	0.345	400	138	20	0	43	63	0.158
안치홍	0.342	494	169	38	1	23	62	0.126
전준우	0.342	556	190	36	2	33	71	0.128
김주찬	0.340	429	146	23	0	18	41	0.096
최형우	0.339	528	179	34	1	25	70	0.133
유한준	0.339	428	145	21	1	20	42	0.098
김재환	0.334	527	176	36	1	44	81	0.153
계	0.345	4,713	1,627				586	0.124

위 표에서 나타나는 바와 같이, 각 팀의 중심 타자들이 '장타를 칠 확률'은 대체로 1할에서 1할 5푼 사이에 위치하고 있습니다. 따라서 이하에서는 위 10명의 평균타율 0.345와, 평균 '장타를 칠 확률' 0.124를 사용하여 위 세 가지 경우의 확률을 계산하도록 하겠습니다.

①의 확률: 0.124

②의 확률: $0.655 \times 0.124 = 0.081$

③의 확률: $0.655 \times 0.655 \times 0.124 = 0.053$

이를 모두 더하면, 무사 1루에서 3아웃이 되기 전에 2루타가 터져 득점할 확률은 0.258(25.8%)이 됩니다.

나. 무사 1루 상황에서는, 3아웃이 되기 전에 안타(단타 포함 그 이상) 2개가 나오는 경우에도 득점이 가능합니다.* 후속 타자가 안타를 친 경우를 O, 아웃된 경우를 X로 하여 표시하면 아래와 같습니다.

① O-O : 0.345×0.345=0.119
② O-X-O : 0.345×0.655×0.345=0.078
③ O-X-X-O : 0.345×0.655×0.655×0.345=0.051
④ X-O-O : 위 ②와 같음(0.078)
⑤ X-O-X-O : 위 ③과 같음(0.051)
⑥ X-X-O-O : 위 ③과 같음(0.051)

위 6가지 경우를 모두 더하면, 결국 무사 1루에서 안타(단타 포함 그 이상) 2개가 나와 득점할 확률은 0.428(42.8%)이 됩니다.

---

* 이 경우에도 후속 타자가 아웃되더라도 진루타가 되거나 또는 도루 등에 의해 1루 주자가 2루로 진루한 경우 단타 1개로도 득점이 가능하지만, 역시 보수적으로 접근하여 위와 같은 예외적인 상황을 배제하고, 득점을 위해 안타(단타) 2개가 필요한 것으로 전제하였습니다.

다. 결론적으로, 무사 1루 상황에서 희생번트를 대지 않고 공격을 시도하여 득점할 확률은 위 가.와 나.의 확률을 더한 0.686(68.6%)이 됩니다.

(2) 1사 2루에서의 득점 확률

1사 2루 상황에서 득점을 하기 위해서는 3아웃이 되기 전에 안타(단타) 1개가 나와야 합니다. 특히 1사 2루의 경우, 후속 타자가 아웃되더라도 진루타가 되어 2루 주자가 3루로 진루하더라도 희생플라이에 의한 득점이 불가능하기 때문에, 상대 실책이나 도루 등 예외적 상황이 일어나지 않는 한, 반드시 안타(단타)가 나와야 득점이 가능합니다. 후속 타자가 안타를 친 경우를 O, 아웃된 경우를 X로 하여 득점이 가능한 경우를 표시하면 아래와 같이 두 가지 경우 뿐입니다.

A. O : 0.345

B. X-O : $0.655 \times 0.345 = 0.226$

즉 1사 2루의 상황에서 득점에 성공할 확률은 위 두 가지 경우의 확률을 더한 0.571(57.1%)이 됩니다.

위와 같이, 무사 1루 상황에서 희생번트를 대지 않은 경우 득점 확률이 0.686(68.6%)인 데 반하여, 희생번트를 통해 1사 2루로 만들어놓을 경우 오히려 득점 확률이 0.571(57.1%)로 크게 떨어진다는 점을 확인할 수 있습니다.

물론, 위 확률 계산방식은 앞서 언급한 바와 같이 야수 선택, 도루 또는 상대 팀의 실책 등에 의한 진루가능성을 모두 배제하고 '안타'로만 진루가 가능하다는 전제하에 계산한 것이며, 또한 하위 타선이 아닌 '중심 타선'에 찬스가 왔다는 점을 전제로 삼고 있기 때문에, 정확한 확률 계산에는 한계가 있음을 부인할 수 없을 것입니다. 그러나 분명한 것은, 적어도 이론상으로는 희생번트를 대지 않고 강공을 펼치는 편이 더 유리할 수 있다는 사실이 확인되었다는 점입니다.

결국 '희생번트sacrifice bunt'의 의미를 아무리 곱씹어 보아도, 특별한 의미나 가치를 부여할 만한 그 무언가는 끝내 발견되지 않습니다. 스포츠에서 전략과 전술은 당연히 필요하지만, '무사 1루 → 희생번트'라는 공식에 집착하는 이상, 야구는 감독이 두는 장기將棋 그 이상일 수 없을 것입니다.

야구는 '통계의 스포츠'

1. 신뢰의 기초는 '통계'

우리는 통상 타율 .250 타자와 .300 타자 사이에는 쉽게 넘어설 수 없는 벽이 있다고 생각합니다. 메이저리그에서도 타율 .300은 특급 타자의 징표이며, 여기에 약간의 장타력 또는 주루 능력 등이 더해지면 이번엔 올스타급 선수로 격상되어 레벨이 달라집니다. 그런데 일단 타율 .250 타자의 경우, .300 타자와의 간극을 메우는 것은 여간해서는 쉬운 일이 아닙니다. 타율 .250 타자가 타율 .300 타자를 밀어내고 주전 자리를 차지하기 위해서는 ① 한 시즌 홈런 30~40개 이상 가볍게 쳐낼 수 있는 압도적인 장타력, ② 100m를 10초대에 주파하는 우사인 볼트Usain Bolt급의 스피드를 갖추고 있거나, 그것도 아니라면 ③ 외야 중원의 대부분을 커버하는 광범위한 수비 범위와 강견強肩을 갖추고 있어야 할 것입니다. 위 세 가지 중의 어디에도 해당되지 않는다면, 같은 포지션의 두 선수 중 .300 타율의 선수가 갑작스럽게 부상을 당한다든가 등의 돌발 상황만 발생하지 않는다면, 무난히 스타팅 라인업에 이름을 올릴 가능성이 매우 높습니다.

더욱이 이렇게 한번 정해진 라인업은 메이저리그의 경우 적어도 전반기까지는 큰 틀에서는 변화를 주지 않고 그대로 운용하는 것이 일반화되어 있습니다. 우선 메이저리거가 되기가 무척이나 어렵지만, 일단 험난한 관문을 통과하여 메이저리거가 되고, 또 그중에서도 치열한 경쟁을 뚫고 주전 라인업에 이름을 올려놓게 되었다는 것은, 팬들과 구단이 당해 선수에 대해 '진정한 메이저리거'라는 '자격qualification'을 공식적으로officially 부여한 것이라 볼 수 있는 것이지요. 반대의 경우 역시 마찬가지입니다. 메이저리그에 있다가 강등되어 마이너리그 트리플A로 내려온 B라는 선수가 있다고 해보죠. 이 B라는 선수는 트리플 A리그에서 홈런왕을 차지한다거나 하는 획기적인 전기가 마련되지 않는 한 아무리 홈런을 뻥뻥 쏘아 올려도, 일단 계절이 두어 번 바뀌기 전에는 메이저리그로 올라가기 어렵습니다.

'신뢰'는 사회적 자본입니다. 그리고 미국 사회는 이 '신뢰'라는 사회적 자본의 긍정적 측면을 120% 활용하고 있습니다. 한 번 신뢰를 주기는 어렵지만, 일단 신뢰를 주면 어지간해서는 신뢰를 거둬들이지 않습니다. 이를 야구 이야기로 돌아와 보도록 하죠. 혹독한 검증을 통해 A라는 선수를 드디어 메이저리그의 '스타팅 멤버starting member'로 발탁하였다고 한다면, 이는 A라는 선수가 어지간한 슬럼프에 빠지더라도 자신의 포지션을 위협받을 걱정을 할 필요가 없다는 사실을 의미합니다. 즉 이 선수는 자신이 그동안 '통계'라는 수단으로 획득한 '신뢰'를 마음껏 누리기만 하면 됩니다. 자신이 원하는 플레이를 마음껏 펼쳐 보일 수 있고, 과감한 도루와 실패가능성이 높은 다이빙캐치를 시도해보기도 합니다. 선수 본인이 그동안의 노력의 대가로서 합법적으로, 그리고 합리적으로 취득한 신뢰의 범위 내에서는 얼마든지 말입니다. 그리고 이는 위와 같은 선수의 잠재력potential이 폭발할 시점이 임박했음을 알리는 것이기도 합니다.

즉 야구는 철저히 통계에 기초하여 '합리적으로' 선수를 용인用人하는 시스템에 따라 작동되기 때문에, 따라서 어떤 선수는 본인이 왜 메이저리거가 될 수 없는지, 본인이 왜 마이너리그 더블A 리그를 못 벗어나는지에 대해서 굳이 코칭스태프에게 구구절절 긴 설명을 요구할 필요도 없습니다.

이 모두, "표본의 수가 많을수록 통계의 정확도는 예리해진다."는 통계학적 상식을 적용한 결과일 것입니다.

2. 통계는 거짓말은 하지 않는다. 하지만 과장誇張하기 좋아하고, 종종 허풍을 떨기도 한다

그렇다면, 타율 .300 타자와 타율 .250 타자 사이에는, 이러한 축적된 표본에 의한 통계학적 검증과, 사회적 자본인 신뢰에 바탕한, 메우기 힘들 정도로 큰 간극이 존재하는 것일까요.

그런데 메이저리거인 A선수가 한 시즌 동안 큰 부상 없이 거의 주전으로 시즌을 소화했다면 대략 500타수에 들어서게 됩니다. 500타수에서 타율 .300을 달성하기 위해서는 150안타를 쳐야 합니다. 목표 타율을 .250으로 잡으면, 125안타가 필요합니다. 즉 한 시즌 내내 25개의 안타를 더 쳤는지 여부에 따라 25개의 안타를 더 친 선수(150개의 안타를 친 선수)는 팀의 주전이자 올스타급으로 대우받습니다. 그런데 한 시즌 내내 같은 경기 수를 치르며 25개의 안타를 덜 쳐낸 선수는 B급 선수로서 내년 당장 마이너리그 강등을 걱정하거나 새 직장을 찾아야 할지도 모르는 상황에 놓이게 됩니다.

자, 이제 가치판단이 들어가야 할 시점입니다. 메이저리그는 팀당 162경기를 치릅니다. A선수와 B선수가 나란히 162경기에 풀타임full time으로 출전한다고 해봅시다. 시즌이 끝났을 때 A선수의 타율이 .300이고 B선수의 타율이 .250이라면 A선수는 B선수보다 25개 더 많은 안타를 쳤다는 것이 됩니다(물론 A, B 두 선수의 타수가 모두 500타수라는 전제하에). 자, 이것을 찬찬히 뜯어보죠. 위 상황에서, A선수는 B선수보다 6경기당 1개의 안타를 더 쳤다는 의미입니다. 즉

5경기의 타격 결과는 A선수와 B선수가 완전히 똑같고, 6번째 경기에서는 A선수가 B선수보다 '딱 1개' 더 많은 안타를 쳐낸 것입니다. A선수와 B선수가 개막 후 18경기에서 쳐낸 안타의 수가 아래 표와 같다고 가정합니다.

경기	1st	2nd	3rd	4th	5th	6th	7th	8th	9th
A선수	0	1	1	1	0	2	1	1	1
B선수	0	1	1	1	0	1	1	1	1

경기	10th	11th	12th	13th	14th	15th	16th	17th	18th
A선수	1	1	3	2	1	1	1	1	2
B선수	1	1	2	2	1	1	1	1	1

※ 표는 A선수와 B선수가 동일한 경기를 치르고 있다는 것을 의미하는 것이 아니며, 단지 자신이 속한 팀의 스케줄에 맞추어 경기를 치른 결과(안타수)를 순서대로 나열한 것입니다

위 표는 사실 매우 작위적입니다. 그러나 A, B 두 선수가 치른 150경기(여기서는 편의상 162경기가 아닌 150경기라고 하겠습니다)를, 각 선수가 경기를 치른 순서대로 나열하지 않고, 같은 결과가 나온 경기들끼리 짝을 지어놓는다고 가정하면, 상상 실험을 통해 대략 다음과 같은 결론을 얻을 수 있습니다.

여기서 잠깐!

위 표에서는 A, B 각 선수가 각 경기에서 쳐낸 '안타 수'를 나열하였다고 전제하였으나, 만일 타수까지 같이 기재하더라도 결론은 마찬가지입니다. A, B 모두 총타수의 합을 500타수로 전제하였으므로, 타율 계산에 있어서의 '분자(총타수의 합=500)'는 어차피 동일하기 때문입니다.

① A, B 두 선수 각 125경기의 경기 결과 일치
② 25경기에서 A선수가 B선수보다 안타를 1개씩 더 많이 침

위 ①과 ②가 타율 .300 타자와 .250 타자의 차이를 최대한 단순화하여 선명하게 표현한 것입니다. 요컨대, 타율 .300 타자와 타율 .250 타자는 한 시즌 총 150경기의 83.3%에 해당하는 125경기에서 완전히 동일한 성적을 냅니다. 다만 총 150경기 중 고작 16.7%에 해당하는 25경기에서만 차이가 날 뿐인데, 그래 봐야 이 역시 25경기에서 안타 하나씩을 더 치는 것에 불과합니다. 한 시즌 150경기를 치르는 상황에서, A선수가 B선수보다 6게임 만에 안타

를 하나 더 쳐내고 못 쳐내고는 사실 당일 선수의 컨디션과 그날그날의 여러 가지 운때가 허용한 오차 범위 내에 있다고 생각됩니다. 즉 거짓말을 하지 않고, 과장도, 허풍을 떨지도 않는 통계의 표본으로 사용하기에 150경기, 500타수는 지나치게 작습니다. 이 정도의 데이터로 특정 선수에게 신뢰를 주기는 어렵고, 한편 이미 주었던 신뢰를 거둬들이기에는 너무도 큰 반발을 불러일으킬 것입니다. 김성근 감독의 데이터 야구, 일본식 현미경 야구는 그럴싸하지만 사실은 수학·통계학이라는 외피를 쓴 갬블링과 그 본질이 다르지 않습니다.

여기서 잠깐!

위 사례에서 물론 A선수가 B선수보다 안타를 2개, 또는 3개 이상 더 많이 치는 날도 있을 것이고, 그 반대의 경우도 있을 것입니다. 그러나 어찌 되었든 A선수의 총안타수가 B선수의 총안타수보다 25개 많다는 것이므로, 여기서는 위와 같은 것들이 모두 상쇄되었음을 전제로 논의를 전개하고 있습니다. 또한 A선수가 친 안타 수가 B선수가 친 안타 수보다 25개 많으면 되는 것이므로, A선수가 B선수보다 더 많은 안타를 친 경기 수가 반드시 25경기로 (분산)되어야 할 필요는 없을 것입니다. 그러나 예컨대 한 경기에 5개의 안타를 치고 이후 4경기에서 무안타로 침묵하는 것보다는, 매일 1개씩 5경기 연속으로 안타를 치는 것이 팀 성적 향상에 주는 효과가 크다고 하지 않을 수 없습니다. 전자의 경우에는 이후의 4경기에서 팀 승리에 전혀 기여를 하지 못하기 때문입니다.

그렇다면, 우리가 지나치게 야구 통계를 맹신하고, 사소한 데이터에까지 너무나 큰 의미를 부여해온 것은 아닐까요?

제6장

야구는 실패의 스포츠인가
-야구를 둘러싼 신화(神話)의 가면 걷어내기-

야구는 예찬의 대상이 아니다

야구는 무척 독특합니다.

앞서 언급하였듯, 집home base을 떠나 다시 집으로 돌아오는 스토리라인도 독특하고, 공을 보유(소유)한 팀이 '수비자'라는 점도 다른 어떤 스포츠에서 볼 수 없는 특이한 구성입니다. 룰rule은 또 어떻구요. 야구 룰을 정확히 이해하고 암기하는 것은 고시 공부만큼이나 어렵습니다. 야구의 룰 하나하나에는 결코 가볍지 않은 논리와 철학이 담겨 있기 때문입니다. 이 논리와 철학에 대한 이해 없이는, 촘촘히 엮여 있는 야구 룰의 구조를 조망할 수도 없고, 암기할 수도 없습니다(이에 관하여, 제4장 「견제하는 자를 견제하라 –'보크(balk)'의 철학 –」 편을 참고해주십시오).

하지만 이것이 야구에 대한 맹목적인 예찬으로 이어져서는 곤란합니다. 독특하다고 해서 우수한 것은 아닙니다. 당연히, 평범하다고 열등한 것도 아니지요. 제1장부터 제5장까지는 주로 '야구의 독특함'을 구체적인 예를 들어가며 설명하는 데에 많은 부분을 할애했습니다. 다시 한번 강조하거니와, 필자는 '야구의 우수성'을 말하고자 한 것이 아닙니다. '야구의 독특함'이라는 표현은, 야구를 보다 깊이 이해하기 위해 끌어 온 일종의 툴tool에 불과합니다.

그런데 문제는, 야구의 매력에 푹 빠진 사람들은 대부분 무조건적인 야구 예찬으로 나아간다는 것입니다. 심지어 '야구예찬'이라는 제목의 책이 있을 정도이죠.

야구는 종교가 아닙니다. 예찬의 대상도, 숭배의 대상도 될 수 없습니다. 야구는, 단지 수많은 스포츠 중의 하나일 뿐입니다. 그런데 도대체 무엇이 야구와 야구 선수를 '예찬'과 '숭배'의 대상으로 만들고 있는 것일까요? 그 정체는 무엇인가요? 이제부터 야구를 둘러싼 신화神話의 가면들을 하나씩 벗겨보고자 합니다.

야구는 실패의 스포츠다?

가장 흔히들 하는 이야기입니다. 이런 이야기를 하는 사람들은 "야구는 3할만 쳐도 훌륭한 타자라는 소리를 듣는다."는 말로 이야기를 풀기 시작합니다. 곧이어 야구는 10번 중 7번을 실패해도 되는, '실패의 스포츠'라고 이야기합니다. 그리고 이런 식의 이야기는 언제나 "실패를 두려워하지 말라."는 희망찬 메시지로 마무리됩니다.

그런데 간단히 뒤집어 생각해봅시다.

위 "3할만 쳐도 훌륭한 타자."라는 건 어디까지나 타자打者에 관한 이야기입니다. 이 말을 뒤집으면, 반대로 타자를 상대하는 투수는 7할을 막아내도, 즉 10명의 타자 중

7명을 아웃으로 잡아내도 형편없는 투수라는 이야기가 됩니다. 즉 투수는 70%를 성공해도 부족한 것입니다. 이런 선수는 아마 1군에 올라오기 어려울 것입니다. 미국이라면, '평생 메이저리그 무대에 서지도 못할 함량 미달의 선수'로 스카우팅 리포트scouting report에 짤막하게 기재되겠지요.

한국 프로야구KBO, Korea Baseball Organization든 일본 프로야구NPB, Nippon Professional Baseball든 메이저리그MLB든, 훌륭한 투수로 평가받기 위해서는 피안타율이 .250을 넘어가서는 곤란합니다. 다시 이야기하면, 투수는 타자와의 대결에서 75% 이상 성공해야 그나마 '평균'이라는 소리를 듣는 것입니다. 참고로, 평균을 넘어, A급 투수로 대접받기 위해서는 2할 언저리의 피안타율을 기록해야 합니다. 타자 10명과 대결하여 8명을 아웃 처리해야 하는 것이죠. 요컨대, 투수에게 필요한 승률은, 8할입니다. 이래도 야구가 '실패의 스포츠'라고 할 수 있을까요?

'농구 대통령' 허재 선수의 현역 시절 3점슛 성공률은 얼마일까요? 30% 언저리입니다. 농구 '대통령'보다 더 높은 농구 '황제' 마이클 조던Michael Jordan도 별반 다르지 않구요. 그러면, 세계 최고의 축구 선수 리오넬 메시Lionel Messi의 필드 골goal 성공률은 어떨까요? 10%를 넘지 않습니다. 이 정도면 야구가 아니라, 축구나 농구를 '실패의 스포츠'라고 해야 하지 않을까요?

물론 실패를 두려워해서는 안 됩니다. 실패를 두려워하는 순간, 원래 가지고 있는 실력도 발휘할 수 없게 됩니다. 불펜bullpen에서는 그레그 매덕스Greg Maddux도 울고 갈 성냥갑 제구력command으로 150km/h짜리 공을 뻥뻥 뿌려대던 투수가, 마운드에 올라가면 안절부절하며 스트라이크를 던지기조차 힘들어합니다. 전혀 다른 사람이 되는 거죠. 우리는 이러한 선수를 '새가슴'이니, '불펜 에이스'니 하며 비아냥거립니다. 자기가 가진 것의 120%를 쏟아부어도 살아남기 힘든 프로 스포츠의 세계에서, '새가슴'이나 '불펜 에이스'로 불린다는 건 치명적입니다. 이런 말을 듣게 된 선수는 더욱 위축되고, 그의 플레이는 더욱더 엉망이 될 겁니다. 그야말로 악순환의 고리를 제대로 타는 거죠. 하지만 어쩌겠어요, 이 모든 것의 시작이, 실패를 두려워하여 자기의 기량을 발휘하지 못한, 선수 본인의 책임인 것을.

그러나 "실패를 두려워해서는 안 된다."는 메시지를 이끌어내기 위해, 야구를 굳이 '실패의 스포츠'로 포장해야 할 이유는 없습니다. 실패를 두려워해서는 안 된다는 것은 모든 스포츠에 공통적으로 적용되는 명제이지, 야구만의 것이 아닙니다. 야구는 실패의 스포츠도 아니고, 실패가 용납되는 스포츠는 더더욱 아닙니다. 오히려 실패 하나하나가 빠짐없이 데이터로 남아 선수의 앞날을 좌우하는 무서운 스포츠입니다. 타율 2할인 타자가 어느 경기에서 끝내기 홈런을 쳤다고 하여 그동안 쌓인 데이터가 없어지지는 않습니다. 홈런 쳤다고 삼진 당한 것이 가려지지 않는 것이죠. 1999년, 한 이닝 만루 홈런 두 개라는, 메이저리그 역사상 전무후무한 기록을 세운 페르난도 타티스Frenando Tatis라는 선수를 기억하는 팬들이 (한국에 조금이나마) 있는 건, 상대 투수가 박찬호 선수였기 때문입니다. 차곡차곡 쌓여가는 실패의 데이터, 만루 홈런으로도 지워지지 않는 실패의 데이터로 인해, 페르난도 타티스는 얼마 못 가 조용히 메이저리그 무대에서 사라졌습니다.

반면 축구의 경우, 아무리 헛발질을 하고 똥 볼을 차도, 괜찮습니다. 이런 것들은 어차피 카운트되지 않기 때문이죠. 중요한 순간 결승골을 넣으면 그만입니다. 2002년 월드컵 16강전 한국과 이탈리아와의 경기를 떠올려 봅시다. 필자는 여기서, 당시 최전방 공격수로 뛰었던 설기현 선수를 이야기하려 합니다. 경기 내내 설기현 선수는 속된 말로 '헤맸습니다'. 어쩌다가 패스를 받아 공을 소유하게 되면 몇 초 가지 못해 상대 수비수에게 빼앗기고… 최전방 공격수로서 제대로 된 슈팅을 전혀 하지도 못했죠.

그런데 경기 종료 5분 전, 설기현 선수가 일을 내고 맙니다. 기적적인 동점골을 터뜨린 거죠. 광란의 밤이었습니다. 그런데, (5,000만 국민 모두 알고 있는 사실이지만,) 사실 이때 설기현 선수는 공에 발을 제대로 맞추지 못했습니다. 엉거주춤 빗맞은 거죠. 빗맞은 공은 설기현 선수 본인도 예상치 못한 엉뚱한 방향으로 굴러갔는데… 공의 방향을 예상하지 못한 건 설기현 선수뿐 아니라 상대 골키퍼 역시 마찬가지였습니다. 이리하여 극적인 동점골이 탄생하게 된 것이죠. 그런데 필자가 이야기하고자 하는 포인트는 지금부터입니다. 그 어설픈 동점골 이후, "사실 당시 설기현 선수가 공에 발을 제대로 갖다 맞추지 못했다."는 것을 아무도 이야기하지 않는 것이었습니다. 아니, 그 경기 내내 설기현 선수가 '삽질' 했다는 것을 이야기하는 사람도 싹 자취를 감췄습니다. 대체 왜일까요. 설기현 선수가 월드컵 이전, 온 국민의 사랑을 독차지하던 스타 플레이어도 아니었는데 말입니다.

어차피 똥 볼 차고, 공 빼앗기고… 이런 것들은 축구 경기에서 기록에 남지 않기 때문이지요. 결승골을 넣었으면 그 이전에 했던 모든 삽질에 사면장赦免狀이 수여됩니다. 감독이나, 구단주나, 팬들이나 오로지 결승골만을 기억합니다. 왜냐구요? 다시 한번 말하지만, 어차피 축구에는 '데이터'라는 것이 없기 때문입니다. 실패의 데이터도, 성공의 데이터도 없습니다. 그러니 실패해도 됩니다. 경기를 지켜보는 감독과 팬들의 뇌리에 남을 만한 짠한 '성공' 한 번이면 모든 것이 용서excuse되니까요. 축구야말로 실패를 두려워하지 않아도 되는 스포츠라 하겠습니다.

1구球 1구球에 따른 선수의 모든 플레이가 기록되어 데이터로 형성되고, 이를 분석하기 위해 높은 수준의 수학과 통계학이 동원되는 야구. 야구는 단 한 차례의 실패도 묵과하지 않는, 어쩌면 선수에게는 가장 가혹한 스포츠가 아닐까요.

제7장

야구만 인생이냐?

- 야구 신격화, 이젠 지겹다 -

야구만이 인생은 아니다

필자가 어렸을 때, 1980년대와 1990년대 초반에 걸쳐 야구 중계방송의 절대 강자는 하일성 씨였습니다. 메이저리그가 대체 무엇인지 4,000만 국민 아무도 모르던 시절, 걸쭉한 입담과 능글맞은 비유법 등 '아저씨' 특유의 필살기 한두 개 정도만 있으면 해설계를 평정할 수 있었던 시절, 어차피 축적된 데이터 자체가 없으니,* 고급 수학·통

* 필자는 1980년대 프로야구 경기 기록지 및 각 선수들의 세부 기록 데이터를 찾기 위해 한국야구위원회(KBO) 홈페이지는 물론, 도곡동 한국야구회관을 방문하여 이에 대한 자료 제공을 요청하였으나, 돌아온 답변은 놀랍게도, "그러한 공식 자료는 없다." 즉 "Officially not exist."라는 말뿐이었습니다. 즉 대한민국 어디에도, 예컨대 1986년 7월 열렸던 프로야구 〈삼성:OB〉 경기에서 누가 몇 회 어떤 타구를 쳐서 아웃되었고, 누가 몇

계학 이론을 활용한 데이터 분석 기법 따위 전혀 몰라도 동네 복덕방에서 장기 두며 이빨 까는 수준의 말발로 세 시간 정도 거뜬하게 중계요원(캐스터)과 인생 상담·가정사 상담 두루 섞어가며, 종국엔 "야구가 인생이에요. 인생 뭐 있어요? 야구에 인생이 모두 담겨 있어요~."라는 한 마디로 두리뭉실 뭉개고 마무리해도 아무도 뭐라 하지 않던 시절. 캠퍼스 안에 진주해 있는 대전차포가 내뿜는 뿌연 연기에 가려 앞이 보이지 않는 암흑기를 살아내야 하는 국민들은 그런 하일성 씨의 '구수한' 농담에 위안을 얻었을지도 모릅니다.

이닝 투구를 했고… 하는 등등의 가장 기본적인 기초자료(raw material)가, 자료의 법률적 소유권자인 KBO의 기록 보관창고는 물론, 감독 관서인 문화체육관광부의 어느 캐비닛 문짝 안에도 보관되어 있지 않는 것입니다. 차라리, "한국야구위원회가 그동안 몇 차례 이사를 하였었는데, 그 과정에서 개념 없는 용역회사 직원들이 낡은 빛바랜 기록지들을 별 생각 없이 문서파쇄기에 집어넣어 갈아버리는 바람에 기록이 모두 소실되었다."는 변명이라도 들었으면 조금 나았을 것입니다. 다시 한번 강조하거니와, 불과 10~20년 전의 일입니다. 한 해 수백만 명의 관중을 동원하는 한국 최고의 프로 스포츠인 프로야구 경기의 데이터 원본에 대해, 아예 '기록 보존'이라는 개념 자체가 존재하지 않았던 것입니다. 이는 우리 사회의 한 단면을 그대로 보여줍니다. 우리가 기억해야 할 '역사'의 단절이 모두 이로부터 비롯되고 있습니다.

그때 하일성 씨가 그렇게 10분에 한 번씩 되내이던 말, "아…. 야구 몰라요, 야구는 인생이에요."라는 말은 유행어가 되었습니다. 암울한 1980년대, 시민들은 속으로 그렇게 되내이며 힘든 시기를 겪어내었을지도 모르는 일입니다. "그래, 야구는 9회 말, 투 아웃부터라지. 인생도 마찬가지이구…. 하늘을 덮고 있는 검은 구름도 머지않아 걷힐 거야, 암…." 하면서 말이지요. 그런데 1994년 미국 월드컵이 되니 이번엔 김흥국 씨가 "축구 몰라요~. 축구는 인생이니까요~~."를 외치더군요. 그러다가 한국이 낳은 농구 대통령 허재 씨도 언젠가 프로농구 챔피언십에서 패배하여 우승에 실패하자 "뜻대로 안 되는 게 농구이고 이게 인생인가 봐요." 하며 인생론에 동참하였습니다.

야구도 인생이고,
축구도 인생이고,
농구도 인생이다

한마디로 야구도 인생이고, 축구도 인생이고, 농구도 인생인 것입니다. 모든 스포츠에는, 사회 구성원들이 몸과 몸을 부딪치고 땀과 땀을 섞어가며 공동체의 구성 원리 및 운영 원리를 체득해 나아간다는 기본 이론이 관통하고 있습니다. 오로지 야구만이 인생의 심오한 이치를 담고 있어야 할 이유가 없습니다. 하일성 형님이 야구 지식도 딸리고… 딱히 할 말도 없어 무안해질 때마다 뇌까리던 이 개똥 철학을, 다른 스포츠 여기저기서 좀 가져다 쓰니까, 이제 우리의 하일성 씨는 "어 그거 첨에 내가 한 얘긴데…."

하며 입맛을 다시고 있을지도 모를 일이지요.

하물며 야구, 농구 그리고 축구뿐이겠습니까? 필자는 등산을 지독히도 싫어하지만, 산악인들은 바로 등산에야말로 인생의 참진리가 숨어 있다고 합니다. 그렇다면 필자는 영원히 인생의 진리에 접근할 수 없는 것일까요? 그렇지는 않을 것입니다. 필자는 야구를 통해, 산악인 엄홍길 씨는 등산을 통해, 서로 조금씩 다른 각도에서 삶의 진리의 일면을 포착하는 것일 테지요.

야구가 다른 구기 스포츠에 비해 인생과 유사한 점을 굳이 찾아내라면? 그건 중간중간 쉬어 갈 수 있는 부분이 많다는 것이겠지요. 엄마 몸에서 나와 우렁차게 울어 제낀 아기는 강보에 쌓여 여기서 일단 한 템포 쉬어 갑니다. 이제 1회 초의 시작입니다. 경기가 끝나는 9회 말까지 총 18번의 공격 수비가 교차되고, 중간중간 총 17차례의 휴식 시간이 보장되어 있습니다. 공격할 기회도 9번이나 되니 적지 않고, 특히 공수 교대 시간에는 합법적으로 쉴 수도 있으니, 저돌적으로 치열하게 살다가도 힘든 고비를 만나면 때로는 '힐링'도 하고 '느리게 살기'도 해볼 수 있는 우리들의 인생사와 꽤 닮아 있기도 합니다. 가히 "끝날 때까지는 끝난 게 아니다."라는 명언이 나올 만합니다. 그러나 사실 요기 베라Yogi Berra가 남긴 위 명언(?)은 본래 "야구 경기는 시간 제한에 걸리는 경기가 아니다. 그러니 마지막 아웃카운트가 잡힐 때까지는 실망하지 말고 최선을 다해 보자."는 정도의, 지극히 소박하고 단순한 의미에 불과한 것이었습니다. 요기 베라가 특별한 의미를 부여하지 않고 단지 동료 선수들을 격려할encourage 목적으로 꺼낸 위 한 마디가, 야구를 대표하는 명언이 되고 만 것이지요.

야구가 우리의 삶을 향해, 다른 스포츠가 주지 못하는 '특별한' 인스피레이션inspiration을 제공해주는 것 같지는 않습니다. 예컨대 농구 경기의 버저비터buzzer beater보다 9회 말 역전 만루 홈런이 특별히 더 드라마틱하지도 않고, 감격적일 이유도 없는 것입니다. 다만, 시간 제한이 없는 프로야구 경기의 특성상, 매우 큰 점수 차로 뒤지고 있어 패색이 짙던 팀이 극적인 역전에 성공한다든지, 승부를 가릴 수 없어 몇 날 며칠간 연장전을 해야 하는 상황이 가끔 오곤 하는데, 이런 것들은 다른 스포츠에서는 보기 어려운 풍경이기는 합니다. 위 사례 중 전자前者는 인생의 막다른 골목에 몰린 파산자가 지혜와 노력으로 극적인 재기에 성공하여 반전 드라마를 써가는 스토리와 비슷하기도 하고, 후자後者는 한없는 평행선을 달리는 이스라엘과 팔레스타인의 분쟁을 떠올리게도 합니다. 이런 점에서 야구가 우리 삶의 일정 부분을 투영하고 있다고 보면 될까요? 사실 이것도 제가 생각하기에는 꽤나 궁색합니다만.

결국, 야구든 농구든 축구든, 그것이 '인생'이라고 불릴 수 있는 이유는 바로 공식적으로officially 경기 종료가 선언되기 전까지는 '결과'를 알 수 없기 때문일 것입니다. 하물며 결과뿐이겠습니까. 가로축(X축)을 시간의 흐름으로, 세로축(Y축)을 승(+), 패(−)로 놓고 그려 넣은 가상의 그래프를 미분하면, 어느 특정 시점에서의 경기 흐름이 상승세인지 하강세인지를 파악해낼 수 있을 것입니다. 우리의 인생도 마찬가지이겠지요. 매일매일 하루를 촘촘히 미분해 들어가면 들어갈수록 그 순간순간의 우리의 컨디션은 양(+), 또는 음(−) 중 하나에 속할 것입니다. (한때 유행했던 말입니다만), 위 그래프는 우리의 삶이 그리는 바이오리듬(생체리듬) 곡선과 무척 닮아 있는 것입니다.

말하자면…!

"찬스 뒤에 위기가 온다."는 유명한 야구 격언은 사실 이와 같은 맥락에서 나온 말일 것입니다. 다만 다시 한번 강조하거니와, 위 격언이 비록 야구에서 주로 사용되는 격언이기는 하나 반드시 야구에만 적용된다고 볼 수는 없다는 점입니다. 앞서 설명드렸듯이, 바이오리듬 곡선은 농구, 축구 등 모든 스포츠에 공통적으로 나타나는 현상이기 때문입니다.

그렇다면, 우리가 소중하게 여기고 있던 야구의 가치는 정말 신기루 같은 것에 불과했던 것일까요?

인스피레이션(inspiration): 최선을 다하는 경기

야구가 인생에 있어서 (비록 특별하지는 않더라도) 어떠한 인스피레이션inspiration을 불어넣어 준다고 믿는 분들(필자 역시 이에 포함됩니다)에게, 다음의 케이스에서 여러분이 A팀의 감독이라면 학생들에게 어떠한 자세를 주문하시겠습니까? 우리 팀(A)은 고등학교 야구 팀 중 최강 팀입니다. 상대 팀(B)은 창단한 지 불과 1개월여 된 팀으로서 한눈에 보더라도 기본기가 제대로 갖추어져 있지 않습니다. 그런데 사실 B팀은 대지진으로 집과 학교가 파괴되고 부모, 형제, 친구들의 상당수가 사망한 상황에서, 어렵게 팀을 꾸려 겨우 대회에 출전한 것입니다.

여기서 A팀 선수들은 최선을 다하여 가지고 있는 모든 에너지, 그동안 익힌 야구 기술의 모든 것을 다 쏟아내어 200 대 0 정도의 스코어로 B팀을 이기는 경기를 하였다고 가정해봅시다. A팀 선수들이 잔인하다고, 비인간적이라고 비난받아야 마땅할까요. 그렇지 않습니다. A팀 선수들은 어디까지나 야구 선수로서의 직분에 흔들림 없이, 끝까지 최선을 다한 것뿐입니다. 플레이 하나하나에 정성을 들이는 것이 상대 팀에 대한 예의라고 생각하였던 것입니다.

이와 반대로, A팀이 B팀을 배려하여, 즉 A팀이 B팀의 수준에 맞추어 대등한 야구 시합을 전개해 나아간다면 어떨까요. A팀의 투수는 오로지 딱 치기 좋은(!) 한복판 직구만 던져주고, 주자runner는 최선을 다해 베이스러닝을 하지도 않습니다. 경기 내내 훈훈한 분위기 속에서 시합은 진행되겠지요. 하지만 이것을 도대체 '스포츠'라 부를 수 있을까요. 선수가 자신이 가진 모든 것을 쏟아붓지 않는다면, 법률적으로는 우선 승부조작match fixing*에 해당하

---

* 국민체육진흥법

제14조의3(선수 등의 금지행위)

① 전문체육에 해당하는 운동경기의 선수·감독·코치·심판 및 경기단체의 임직원은 운동경기에 관하여 부정한 청탁을 받고 재물이나 재산상의 이익

여 엄하게 처벌되어야 할 것입니다. 그러나 이것은 부차적인 문제입니다. 본질적으로, 위와 같이 최선을 다하지 않는 행위는 스포츠의 존재 의의를 허무는 것으로서 더 이상 '스포츠'라고 할 수 없을 것입니다. 이는 단순한 사교와 친목을 위한 '놀이' 그 이상도 이하도 아닐 테니까요.

을 받거나 요구 또는 약속하여서는 아니된다.

② 전문체육에 해당하는 운동경기의 선수·감독·코치·심판 및 경기단체의 임직원은 운동경기에 관하여 부정한 청탁을 받고 제3자에게 재물이나 재산상의 이익을 제공하거나 제공할 것을 요구 또는 약속하여서는 아니된다.

제47조(벌칙)

다음 각 호의 어느 하나에 해당하는 자는 7년 이하의 징역이나 7천만원 이하의 벌금에 처한다.

1. 제14조의3 제1항에 위반하여 부정한 행위를 한 운동경기의 선수(「초·중등교육법」 제2조에 따른 학교의 학생선수는 제외한다)·감독·코치·심판 및 경기단체 임직원

제48조(벌칙)

다음 각 호의 어느 하나에 해당하는 자는 5년 이하의 징역이나 5천만원 이하의 벌금에 처한다.

1. 제14조의3의 재물이나 재산상의 이익을 약속·제공 또는 제공할 의사를 표시한 자(「초·중등교육법」 제2조에 따른 학교의 학생선수는 제외한다)
2. 제14조의3을 위반한 운동경기의 선수(「초·중등교육법」 제2조에 따른 학교의 학생선수는 제외한다)·감독·코치·심판 및 경기단체 임직원

동업자 정신?
상대 팀에 대한 배려?

앞에서 언급한 경기는 일본에서 프로야구 못지 않은 인기를 누리는 전국고교야구선수권대회全国高校野球選手権大会(일명 '고시엔 여름 대회(夏の甲子園)') 예선전에서 실제로 발생한 상황입니다. 당시 A팀은 85 : 0으로 B팀을 꺾었습니다. 이 경기에서 과연 A팀의 행태가 옳았는지에 대해 일본 열도가 한동안 두 편으로 나뉘어 논쟁을 벌이기도 했습니다.

위와 같은 사례 말고도, 야구에는 경기 내적인(?) 불문율이 참 많습니다. 예컨대 ① 큰 점수 차로 벌어졌을 때 도루를 해서는 안 된다는 것, ② 홈런을 친 후 기뻐하는 내색을 가급적 드러내지 말고 빨리 베이스를 돌아야 한다는 것, 그리고 ③ 상대 투수가 노히트노런no hit no run이나 퍼펙트게임perfect game 같은 대기록을 앞두고 있을 때에는 기습번트를 대지 말아야 한다는 것 등이 그 예입니다. 이는 모두 상대 팀을 배려하자는 취지에서 형성된 것들입니다. 만일 이를 어기게 되면 다음 타석에 나서는 타자는 140km/h짜리 강속구가 머리로 날아오는 것을 재빨리 피해야만 합니다.

위 ①부터 ③까지 찬찬히 생각해보기로 하죠.

우선 ①의 경우 필자는 도무지 납득하기 어렵습니다. 야구인들 스스로가 "끝날 때까지 끝난 것이 아니다."라는 명언(?)을 만들어 놓고선, 큰 점수 차에서는 도루를 하지 말라니요? 누상에 나가 있는 주자가 도루를 하지 않을 것이 100%라고 믿는 순간, 유격수short stop와 2루수의 재빠른 풋워크foot-work는 더 이상 볼 일이 없습니다. 내야수들은 정상 수비 위치를 지키며 주자의 도루를 사실상 묵인합니다. 물론 투수의 견제구도 없구요. 그런데 이건 우리 형법이 금하는 승부조작match fixing에 다름 아닙니다. 최선을 다하지 않는 것이 상대방을 배려하는 것인가요? 그러면 김

빠진 맥주 같은 경기를 보고 있는 팬들에 대한 배려는 어떻게 하여야 하는 것일까요?

② 역시 마찬가지입니다. 야구 경기장은 도서관이 아닙니다. 홈런임을 직감한 타자가 배트를 집어던지며 포효하는 장면은 야구 경기에서 볼 수 있는 가장 카리스마 넘치는 장면입니다. 그런데 상대 팀 투수 기분 나쁠 수 있으니 기쁜 내색 하지 말고 자제하라구요? 야구 선수들은 모두 포커페이스가 되어야 하나요? 이제부터는 야구 선수를 '감정노동자'라 분류해도 되는 것인가요?

서로 '억지로 힘들게' 감정노동 같은 것은 하지 말고, 경기 순간순간의 상황에 맞춰 선수들이 멋들어진 쇼맨십을 보여줄 수 있도록 위와 같은 폐습을 없애 나아가는 것이 단기적으로는 팬을 위한 것임은 물론이거니와, 궁극적으로는 '야구'라는 직업을 가지고 살아가는 선수들이 더 행복하게 오랫동안 야구를 할 수 있도록 도와주는 길이 아닐까요.

③ 역시 받아들이기 어렵기는 마찬가지입니다. 이는 투수가 대기록 수립을 눈앞에 두고 있는 경우, '정정당당하게' 승부하자는 취지에서 만들어진 불문율입니다. 그런데,

'기습번트'를 시도하는 것이 정정당당하지 못한 것인가요? 제가 지금까지 보아온 수많은 멋진 기습번트들은 사실은 모두 비열하고 얍삽한 것들이었나요?

만에 하나 ③에 대해 동의한다면, 이번엔 우리는 '내야안타'를 야구 공식 기록상 어떻게 처리할 것인지에 대하여 처음부터 근본적으로 고민해보지 않을 수 없습니다(더 나아가, 이 경우 외야에 떨어지는 빗맞은 안타, 소위 '바가지 안타'에 대해서도 같은 고민이 필요할 것입니다). 기습번트는 타자의 능력으로 만들어 내는 것임에 반하여, 내야안타는 빗맞은 타구가 행운의 안타로 연결되는 경우가 대부분이기 때문에 투수 입장에서는 사실 기습번트 안타를 내주는 것보다 내야안타를 맞는 것이 더 억울하기 때문입니다. '기습번트'가 정정당당하지 못한 대결 방법이라고 생각하는 관점은, 자칫 내야안타로 인한 실점은 자책점으로 인정하지 말자는 주장으로 이어질 수 있습니다. 이것이 어불성설임은 두말할 필요가 없겠지요.

위에서 언급한 '불문율'들은 대부분 미국 프로야구 메이저리그의 오랜 역사와 독특한 풍토에서 형성되어 온 '야구문화'입니다. 일본은 미국으로부터 야구는 받아들였지만,

'야구 문화'까지 수입하지는 않았습니다.

그렇다면 우리는 어느 길을 가야 할까요?

생각할 거리

2016년 7월 9일 서울대 야구부와 일본 도쿄대 야구부 간의 친선경기가 열린 바 있습니다(서울대 야구부와 도쿄대 야구부는 체육특기생을 선발하지 않아 순수 아마추어 선수들로 구성되어 있다는 점, 그럼에도 불구하고 대학 야구 1부 리그에 출전한다는 점에서 공통점이 있습니다). 경기 결과 도쿄대가 21:0 7회 콜드게임으로 서울대를 가볍게 제압했습니다. 초반에 이미 승부가 기울었음에도 경기가 끝날 때까지 플레이 하나하나에 정성을 쏟는 도쿄대 선수들의 자세가 무척 훌륭하게 느껴졌습니다.

제8장

야구는 멘탈(mental)의 스포츠인가

억울한 스티브 블래스(Steve Blass)

야구 경기 시간은 3시간가량입니다. 그런데 투수가 공을 던지고, 타자가 공을 치고, 수비수가 타구를 캐치하고, 주자가 베이스base를 향해 달리는 등… 실제로 플레이physical play가 일어나는 시간은 20분 정도에 불과하다는 것은 널리 알려진 사실입니다. 그리고 이러한 사실은 야구가 멘탈mental의 스포츠라는 점을 뒷받침하는 중요한 증거로 제시되곤 합니다. 즉 총 180분 가운데 160분은 다음 플레이next play를 구상하거나 수읽기에 몰입하는 시간, 즉 정신적 활동mental activity에 투입되는 시간이고, 육체적 활동physical activity이 일어나는 시간은 20분 정도에 불과하므로, 야구에서는 다른 스포츠보다 정신적 요소가 훨씬 중요하게 작용한다는 것입니다.

야구가 멘탈 스포츠임을 입증하기 위한 소재로 빠지지 않고 활용되는 것 중에 '스티브 블래스 증후군Steve Blass Syndrome'이란 것이 있습니다. 투수가 어느 순간 갑자기 스트라이크를 던지지 못하게 되는 증상(?)을 일컫지요. 그러한 증상을 가장 먼저 보인 선수의 이름(스티브 블래스, Steve Blass)을 따서 붙여진 명칭입니다. 이 '스티브 블래스 증후군'이라는 것이 이제는 워낙 유명해져서, 웬만한 야구팬이라면 한 번쯤 들어보거나 입에 올려봤을 것입니다. 그리하여 어떤 투수의 제구력이 갑자기 흔들릴 때 가장 먼저 떠올리는 것이 바로 '스티브 블래스 증후군'이지요.

그런데 사실 이 '스티브 블래스 증후군'의 진실은 다른 데에 있습니다.

투수판pitcher's plate과 홈플레이트home plate 간의 거리는 18.44m입니다. 포수는 홈플레이트 약 1.5m 뒤에 앉아 있으므로, 투수와 포수의 거리는 약 20m입니다. 투수가 던진 공이 스트라이크로 판정되기 위해서는, 좌우 폭이 43.2cm에 불과한 홈플레이트 위 가상의 공간을 통과해야 합니다. 물론 스트라이크존strike zone에는 좌우 폭뿐 아니라, 상하 폭에 대한 제한도 있습니다. 한국야구위원회의 「야구규칙」 제2.73항은 스트라이크존에 관하여, "유니폼의 어깨 윗부분과 바지 윗부분의 중간의 수평선을 상한선으로 하고, 무릎 아랫부분을 하한선으로 하는 홈베이스 상공을 말한다."고 정의하고 있습니다. 그러나 실제 경기에서 적용되는 스트라이크존의 상하 폭은, 타자의 벨트와 무릎 사이 약 30cm 정도에 불과합니다. 얼추 계산하여 보면, 스트라이크존의 편면적은 0.1296㎡(0.432m×0.3m)가 됩니다.

자, 20m 밖에서 가로 43cm, 세로 30cm의 상자 안에 공을 집어넣는 것을 상상해봅시다. 중요한 것은 위 조그만 상자 안에 공을 집어넣는 것 자체가 목적이 아니라는 것입니다. 이 상자 안에 공을 넣는다는 것은 기본적인 전제입니다. 투수의 해야 할 일은 이제부터입니다. 투수는 타자가 이 공을 칠 수 없도록 최대한 빠른 속도로 공을 던져야 합니다. 아니면, 공에 엄청난 회전수를 걸어 공의 궤적을 예측 불가능하게 하여 타자로 하여금 칠 수 없도록 해야만 합니다.

요컨대, 투수가 (타자가 칠 수 없는) 스트라이크를 던진다는 것은 기본적으로 대단히 어려운 일입니다. 이것은 ① 상위 0.01%의 운동신경과, ② 이를 살리기 위한 꾸준하고 혹독한 훈련 없이는 불가능한 것입니다. 우리는 한국 최고의 선수들이 펼치는 프로야구 경기를 보고, 또 세계 최고의 선수들이 모인 메이저리그 경기를 관람하며 스트라이크를 던진다는 것이 얼마나 어려운 일인지 무감각해져 있습니다. 그리고 투수가 연속으로 볼을 던져 볼넷base on balls이라도 내줄 경우, 그를 형편없는 선수라고 생각하는 데 조금도 망설이지 않습니다.

야구의 투수는, 모든 스포츠를 통틀어 최고의 운동신경과 운동능력을 지닌 사람입니다. 그리고 그중 선택된 자들만이 프로야구 1군 무대를 밟아볼 수 있습니다. 우리가 KBO 리그나 메이저리그를 통해 보게 되는 투수들은 기본적으로 모두 '천재天才'라고 불러도 전혀 과하지 않은 선수들입니다.

스티브 블래스 증후군이란, 우선 어떤 원인에서든 천재天才가 수재秀才로 레벨 다운level-down 되는 경우일 수 있습니다. 하지만 이 경우, 우리는 '천재'가 아니라는 이유로

'수재'를 비난할 수는 없을 것입니다. 그리고 사실 대부분의 경우 스티브 블래스 증후군의 정체는, 나이 듦에 따른 자연스러운 노쇠 현상에 불과합니다. 나이 듦에 따른 노쇠 현상은 운동선수에게는 당연히 운동능력의 저하로 나타나는데, 어떤 투수에게는 볼 스피드의 저하로 나타나고, 어떤 투수에게는 공의 무브먼트의 감소로 나타나며, 어떤 투수에게는 제구력의 저하로 나타나게 됩니다. 우리가 '스티브 블래스 증후군'이라고 수군대는 투수들은 사실 운동능력의 급격한 저하가 제구력의 저하로 그대로 반영된 케이스에 불과합니다.

류현진은 멘탈 갑(甲)?

한국 야구 선수 중 '멘탈 갑甲'이라는 수식어가 따라다니는 선수가 있습니다. 류현진 선수이죠. 사람들이 주저않고 류현진 선수를 '멘탈 갑'이라고 추켜세우는 이유는 류현진 선수의 푸근하고 친근감 있어 보이는 외모와 넉살 때문이 아닙니다. 어떠한 위기 상황에서도 흔들리지 않는 제구력, 위기 상황이 와도 류현진 선수는 조금도 당황하지 않는 듯 보입니다. 그의 투구폼은 어떠한 상황에서도 일정합니다. 위기 상황에서 흥분하여 팔의 각도가 올라간다거나, 주자 견제에 신경을 쓰느라 투구폼이 흐트러져 공을 끝까지 채주지 못하여 밋밋한 직구를 던진다든가 하는 모습을 단 한 차례도 보인 적이 없습니다. 언제나 일정

LA

한 그의 투구폼. 모든 야구 해설자들과 야구팬들은 류현진 선수의 이러한 모습을 극찬합니다. 그리고 이것이 류현진 선수의 완벽에 가까운 제구력의 비밀임을 모르는 사람은 없습니다.

류현진 선수는 어떻게 이렇게 남들이 가지지 못한 뛰어난 멘탈(?)을 가질 수 있게 된 것일까요. 타고난 DNA의 덕택일까요?

그레그 매덕스급의 완벽에 가까운 제구력. 지금까지 이런 제구력을 가진 한국 선수는 없었습니다. 류현진 선수가 가지고 있는 제구력은 박찬호, 선동렬 선수와도 레벨이 다릅니다. 선동열 선수가 활약했던 1980년대 한국 프로야구는 150km/h의 직구 하나면 평정할 수 있었습니다. 선동열 선수는 여기에 타자 앞에서 꺾이는 예리한 슬라이더 slider까지 장착하고 있었지요. 슬라이더로 타자의 눈을 현혹시킨 다음 150km/h짜리 직구를 가운데 높은 곳으로 욱박지르면 그만이었습니다. 150km/h짜리 직구를 보유한 선수에게 칼날 같은 제구력은 굳이 필요하지 않았었죠.

박찬호 선수는 제구력에서의 약점을, 메이저리그 최고

수준의 볼스피드로 극복한 케이스였습니다. 박찬호 선수가 전성기 시절 던졌던 직구는 '라이징 패스트볼rising fastball'이라는 말로 간단히 정리됩니다. 박찬호 선수는 '라이징 패스트볼'로 제구력의 약점을 보완하고도 몇 배 남을 정도였죠.

류현진 선수는 한국에서는 정통파 파워피처였지만, 메이저리그의 기준으로는 기교파 투수에 가깝습니다. 평균 145km/h 정도의 직구는 (너클볼 투수를 제외하고) 메이저리그 투수가 던지는 직구 스피드의 하한선입니다. 2013시즌과 2014시즌 류현진 선수가 메이저리그에 안착할 수 있었던 비결은 (5,000만 국민 누구나 알고 있는) '체인지업change up'이라는 변화구에 있습니다. 류현진 선수의 경기를 중계하는 해설자는, 류현진 선수가 이 체인지업으로 타자들을 한 명 한 명 솎아낼 때마다 감탄사를 연발하며 다음과 같은 설명을 덧붙입니다. "류현진 선수의 체인지업은 직구와 똑같은 폼에서 나오기 때문에 타자들이 치기 어렵다."고.

류현진 선수는 '멘탈 갑'이어서 직구와 체인지업이 똑같은 폼에서 나오는 것일까요? 그렇다면, 제구력이 안 좋은 투수들은 모두 정신력이 약해빠져서 그런 것인가요?

제구력의 차이는, 어렸을 때 한밤중 공동묘지 근처에서 훈련을 했는지 안 했는지에 따라 달라지는 것일까요?

류현진 선수는 본래 오른손잡이입니다. 야구를 할 때, 아니 공을 던질 때 말고는 왼팔을 사용할 일이 전혀 없습니다. 즉 류현진 선수가 왼팔을 사용하는 각도와 방향은 단 하나입니다. 류현진 선수의 왼팔은 반복된 훈련의 결과로, 공을 던질 때의 움직임과 각도만을 기억합니다. 류현진 선수는 마운드에서 공을 던질 때 이외에는 왼팔을 사용할 일이 전혀 없습니다. 류현진 선수의 왼팔을 관장하는 소뇌小腦와 왼팔의 근육세포들은 오로지 피칭 시점에서의 왼팔의 움직임만을 기억하고 재현하면 됩니다. 류현진 선수의 투구폼, 특히 왼팔이 나오는 각도가 구종에 상관없이 일정할 수 있는 이유입니다.

반면 오른손잡이가 오른팔로 공을 던질 때, 오른팔에는 또 하나의 정보가 추가로 입력되어야 합니다. 이미 오른손잡이의 오른팔은 360도 전방위로 움직이고 있습니다. 마운드에서 공을 던지지 않더라도, 깨어 있는 동안 그의 오른팔은 끊임없이 움직이고 있습니다. 그의 오른팔은 360도 전방위로 움직이는 데에 너무도 익숙하고, 또 너무나도 능숙합니다. 여기에 공을 던질 때의 각도를 입력하여 기억시킨다는 것은 몇 배나 더 힘든 일입니다. 왼손잡이 역시 마찬가지이구요.

류현진 선수와 유사한 예로, 스즈키 이치로鈴木一朗, Suzuki Ichiro 선수를 들 수 있습니다. 이치로 선수 역시 류현진 선수와 같이 본래 오른손잡이입니다. 공을 던질 때 이치로 선수는 오른팔로 던집니다. 이치로 선수가 왼팔을 쓰는 때는 오직 타격을 할 때뿐입니다. 이치로 선수의 오른팔은 360도 전방위로 사용되지만, 왼팔은 오로지 타격을 위한 목적으로만 사용되도록 최적화되어 있습니다. 메이저리그의 배터스 박스batter's box안에 들어서 있을 때를 제외하고는 이치로 선수가 왼팔과 왼손을 사용할 일은 없습니다. 이치로 선수의 타격폼이 어느 투수를 만나더라도 흐트러지지 않는 이유입니다. 물론, 여기에는 이치로 선수가 자신의 몸을 타격 기계batting machine와 같은 수준으로 훈련시켰다는 전제가 깔려 있지만 말입니다.

물론, 오른손잡이가 왼손(왼팔)으로 야구 한다고 다 류현진 선수나 이치로 선수처럼 될 수 있는 것은 아니겠지요. 류현진 선수나 이치로 선수 모두 타고난 천재적인 능력과 이를 뒷받침하는 치열한 노력이 있었기에 현재의 위치에 올라설 수 있었을 것입니다. 다만 필자가 이야기하고 싶은 것은 '멘탈'의 의미를 과장하지 말자는 것입니다. 다른 스포츠에 비하여 유독 야구에서 멘탈이 '특별히' 중요한 역할을 한다고 볼 근거는, 어디에도 없어 보이기 때문입니다.

야구는 가장 육체적인(physical) 스포츠

야구 예찬론자들은 어떤 수를 써서라도 야구가 멘탈mental 스포츠라는 점을 강조하고 싶어 합니다. 그러나 이는 틀렸습니다. 이런 이야기를 하는 사람들은, 멘탈이라는 것이, 피지컬physical보다 무언가 조금이라도 더 우월한 가치(?)를 갖는다는 이야기를 전제로 깔고 있겠지요? 그러나 그 전제부터 틀렸습니다. 인간의 본질은 노동입니다. 인간의 사회성의 본질은 바로 땀을 흘리는 데 있고, 인간성을 구현하는 가장 기초적인 툴tool인 스포츠 역시 마찬가지입니다. 야구는 다른 어떤 스포츠보다도 많은 연습량을 필요로 하는, 너무나도 습득하기 어려운 스포츠입니다. 한국인이 아랍어Arabic language를 배우는 것에 비유하면 비슷할까요? 야구가 멘탈 요소가 꽤나 중요한 스포츠라는 점에 관하여 필자는 이의가 없습니다. 그러나 과연 야구가 모든 구기 종목 가운데 멘탈 요소가 '가장' 중요한 스포츠인지 여부에 관하여, 필자는 확신이 없습니다.

다만, 야구가 모든 구기 종목 가운데 피지컬 요소가 '가장' 중요한 스포츠인지에 관하여, 필자는 "그렇다."고 감히 답할 수 있습니다. 그 이유는, 야구를 배우는 사람의 실력이 일정 수준의 피지컬 레벨physical level에 도달하지 못할 경우, 실전에서 전혀 써먹을 수 없는 무의미한 것에 지나지 않기 때문입니다. 마치, 완전히 습득하지 못하면 전혀 공부하지 않은 것과 별 차이가 없는 '언어'의 경우와 비슷하다고 해야 할 것 같습니다.

프로야구 경기에서 내야수가 내야 땅볼 타구를 처리하여 타자주자를 아웃시키는 것은 무척 쉬워 보입니다. 하지만 이와 같이 평범해 보이는(?) 내야 땅볼 타구 하나를 처리하기 위해서는 수백 번, 수천 번의 연습이 필요합니다. 야구공은 돌처럼 단단합니다. 내야 땅볼 타구가 내야수를 향해 돌진하는 속도는 경우에 따라 시속 150km/h를 넘습니다. 엄청난 양의 연습이 동반되지 않으면, 땅볼 타구를 잡아 타자주자를 아웃시키는 것은 고사하고, 강한 타구에 맞아 손가락뼈가 부러지기 십상입니다. 이것은 단순히 탁월한 운동신경으로 해결될 문제가 아닙니다. 아무리 천재적인 운동신경을 타고난 선수라도, 수천 번 수만 번 반복된 연습 없이는, 몸의 근육세포가 땅볼 타구를 처리하는 메커니즘을 도저히 익힐 수 없습니다. 야구가 피지컬 요소가 가장 중요한 스포츠라고 단언할 수 있는 근거입니다.

야구를 습득한다는 것은, 이와 같이 무한할 정도로 반복된 훈련을 통해 소뇌cerebellum의 뉴런neuron 하나하나 그리고 팔과 다리의 신경세포 하나하나가 공에 대한 대처 능력을 기억하도록 하는, 무척이나 지난하고 고된 과정입니다. 이러한 고된 연습 과정을 거친 선수 18명이 그라운드에 모여야 비로소 야구 경기가 성립됩니다. 어릴 적 테니스공으로 하던 동네 야구는 동네 골목에서나 통할 뿐입니다. 야구는 너무나도 어렵습니다. 그냥 신난다며 공을 발로 찬다고 해서 할 수 있는 경기가 아닙니다. 위와 같이 체계적이고 고된 훈련 과정을 거친 18명의 정예 멤버가 전제되지 않는 한, 야구 경기 자체가 성립되기 어렵습니다.

LG 옵티머스 뷰

야구 선수의 전성기는 통상 25세에서 30세 사이입니다. 인간의 신체적 능력은 25세 무렵에 절정에 이른다는 것이 정설입니다. 여기에, 약간의 노하우know-how가 곁들여지는 4~5년간이 선수로서 기량을 꽃피우는 시기입니다. 피지컬과 멘탈이 절묘한 조화를 이루는 스포츠인 것입니다.

사실 야구는 막상 경기에 들어가면 별로 머리를 쓸 일이 없는 스포츠입니다. 투수가 타자와 수싸움을 하는 것 같지만, 사실 투수는 벤치의 사인sign대로 던지기만 하면 됩니다. 투수가 할 일은 오로지 포수의 사인에 따라 있는 힘껏 강속구를 던지고, 최대한 예리한 변화구를 스트라이크존에 꽂아 넣는 것뿐입니다. 사실 여기에는 수싸움이 개입될 여지가 없습니다. 투수가 좋은 공을 던지기 위해 필요한 것은 단단하고도 섬세한 어깨 근육과 러닝으로 다져진 탄탄한 하체뿐입니다. 내야수 역시 다르지 않습니다. 150km/h로 날아오는(또는 굴러오는) 강습 타구에 동물적으로 반응할 수 있는 날렵한 풋 워크foot work와 여우 같은 몸놀림만이 필요할 뿐입니다. 이 역시 타고난 운동신경만으로 해결되는 것은 아닙니다. 팔과 다리가 총알 같은 강습 타구에 조건반사적으로 반응할 수 있도록 해주는 것은 천

부적인 운동신경이 아니라 반복되고 고된 연습뿐인 것입니다.

어떠한 스포츠를 분석하여, 피지컬 요소와 멘탈 요소로 나누어볼 수는 있을 것입니다. 그러나 설사 멘탈 요소가 우세하다고 하여, (그렇지 않은) 다른 스포츠보다 우월한 스포츠일 리 없습니다. 더구나 야구는 멘탈 요소가 두드러지지도 않습니다. 활발한 두뇌활동이 요구되는 것은, 야구 경기의 투수도, 타자도, 그리고 야수도 아닙니다. 이는 오히려 축구 경기에서 볼 배급을 담당하는 미드필더mid-fielder 또는 농구 경기에서 공격의 전체적인 흐름을 조율해가는 포인트가드point guard에게 우선적으로 필요한 덕목이 아닐까요.

야구와 물리학

얼마 전부터 제 머리를 떠나지 않는 난제難題가 있습니다.

흔히들 "야구에서 투수가 던진 공이 빠르면 빠를수록 반발력이 높아져 타구가 더 멀리 날아간다."고 하죠. 즉 강속구는 방망이에 맞추기는 어렵지만 일단 방망이에 '제대로' 걸리기만 하면 홈런이 쉽게 나온다는 거죠. 저의 의문은 이 명제가 틀렸다는 데에서 출발했습니다. 문제는 이를 물리학적으로 어떻게 입증하냐는 것입니다.

언젠가 주말에 차를 운전하여 부산에 다녀오면서 온 정신을 이 문제에 몰입하느라 위험한 순간을 몇 차례 맞기도 했습니다. 결국 중간에 휴게소에 들러 식당 의자에 앉아 두 시간 동안이나 종이와 펜을 잡고, 알고 있는 물리학 지식을 총동원하여 물리학 공식과 수식, 그림을 그려가며 고민을 거듭했습니다. 그런데도 문제가 풀리지 않았습니다. 집에 와서도 저의 집요한 고민은 계속되었습니다. 그런데 아직까지 답을 얻지 못하고 있습니다.

제가 위 명제, 즉 "투수가 던진 공이 빠를수록 타구가 더 멀리 날아간다."는 야구계의 오래된 통념이 틀렸다고 생각하는 근거는 다음과 같습니다.

"두 물체가 충돌하였을 때, 충돌 전후의 두 물체의 운동량의 총합은 변하지 않는다."는 '운동량 보존의 법칙'이 그것입니다. 이는 통상 $M_1V_1 + M_2V_2 = M_1V_1' + M_2V_2'$라는 공식으로 설명됩니다. 그런데 여기서 중요한 것은, '운동량'(과 이의 변화에 영향을 주는 '충격량')이라는 개념은 '벡터량'이라는 것입니다.

어떤 물체에 크기가 같은 두 힘이 180도 반대 방향으로 작용한다면 그 물체는 움직이지 않습니다. 같은 이치로, 투수가 던지는 ① 130km/h의 공과, ② 150km/h의 공을 타자가 방망이로 타격한다고 했을 때, 위 각 타구가 동일한 비거리를 내기 위해서는 150km/h의 공에 더 많은 (반대 방향의) 충격량을 주어야 한다는 것이 저의 설명입니다. '충격량'이란 힘(N) × 시간(s)이므로 결국 더 빠른 배트 스피드로 좀 더 길게 팔로스로 해야 타구를 멀리 날려 보낼 수 있다는 뜻이기도 합니다.

이상은 어디까지나 저의 가설입니다.

여러분들은 어떻게 생각하시는지요?

제9장

야구가 지배하는 행운과 불운

야구는 운칠기삼(運七技三)?

야구를 운칠기삼運七技三의 스포츠라고 하는 사람들이 있습니다. 실력보다는 운이 더 중요하게 작용하는 경기라는 이야기입니다. 문제는 소위 '야구 전문가'라는 사람들도 농담 삼아 이러한 이야기를 한다는 점입니다. 확실히 야구 경기를 보다 보면 불합리한 부분이 많아 보이기는 합니다. 배트 중심에 정확히 잘 맞은 타구는 야수 정면으로 가서 아웃이 되는 반면, 빗맞은 타구는 운 좋게 야수들이 잡을 수 없는 애매한 위치에 떨어져서 행운의 안타(?)가 되는 경우를 우리는 수도 없이 많이 보아왔습니다.

불합리하게 느껴지는 부분은 이것뿐만이 아닙니다. 투

수가 던진 공을 타자가 친 경우를 가정해봅시다. 투수가 던진 공이 타자가 휘두른 배트에 빗맞은 정도가 심하면 심할수록 타구는 야수가 잡을 수 없는 위치로 날아가는 파울foul볼이 됩니다. 즉 이 경우에는 공이 아예 관중석으로 날아가버리는 것이지요. 이때 타자는 단지 스트라이크 1개가 카운트되는 불이익을 받을 뿐입니다. 그런데 투수가 던진 공이 타자의 배트에 적당한 수준에서(?) 빗맞으면 타구는 그라운드 안을 향하게 되거나 그라운드 밖을 향하더라도 야수가 잡을 수 있는 파울플라이볼이 됩니다. 이 경우 타자는 아웃될 가능성이 매우 높아지는 것입니다. 즉 타자의 입장에서 보면, 투수가 던진 공을 '택도 없이' 빗맞칠 경우에는 스트라이크를 하나 먹는 데 그치는 반면, 조금 더 잘 쳤을 경우 오히려 아웃이 되는, 아이러니한 상황이 되고 마는 것입니다.

위와 같은 점을 생각하면, 야구 경기는 스포츠가 아니라 차라리 게임이나 오락이라고 보아야 하는 것은 아닌가 싶은 회의감이 들기도 하는 것이 사실입니다.

그런데 저는 이에 대해 반론을 펴보고자 합니다. 제가 하고자 하는 이야기는 "노력하는 만큼 운運도 따른다."는 식의 진부한 이야기가 아닙니다. 절대로 노력을 많이 한다고 운이 많이 따르는 것은 아닙니다. 이는 야구뿐만 아니라 세상사 공통의 이치이겠지요. 이승엽 선수는 "진정한 노력은 배반하지 않는다."고 했지만 이는 '이승엽 선수이기에' 할 수 있었던 이야기일 뿐입니다. 하늘에 떠다니는 운이 어느 누구의 어깨 위에 떨어질지 아무도 모릅니다. 물론 하늘에 떠다니는 불운이 누구의 어깨 위에 떨어질지도 모르는 것과 마찬가지로 말입니다. 이 하늘에 떠다니는 행운幸運과 불운不運은 그 크기와 정도가 너무나도 다양합니다. 이승엽 선수나 박찬호 선수는 타고난 재능, 피나는 노력, 그리고 엄청난 크기의 행운, 이 세 가지의 절묘한 조합으로 한국 최고의 선수가 되었습니다. 여기서 말하는 '엄청난 크기의 행운'은 단지 빗맞은 타구가 내야안타가 되는 수준의 '행운'과는 질적으로 다릅니다.

이번 장障에서 이야기하고자 하는 것은 이 두 가지 모두에 관한 것입니다.

작은 행운, 작은 불운

한국 프로야구 구장들의 외야 크기(면적)는 제각각입니다. 잠실야구장은 홈베이스로부터 센터 방면 펜스까지의 거리가 125m에 달하고, 홈베이스에서 파울 폴대가 서 있는 좌우 펜스까지의 거리도 100m로서 국내에서 가장 넓습니다. 반면 부산 사직구장은 센터 방면 펜스까지의 거리가 118m에 불과합니다. 인천 행복드림구장(문학구장)의 좌우 펜스까지의 거리도 95m에 불과하죠. 국내 10개 프로야구단이 사용하는 9개 야구장의 외야 면적은 이와 같이 모두 다릅니다.

메이저리그의 경우는 더 심합니다. 그나마 한국의 야구

장은 외야outfield 부분이 모두 부채꼴 모양을 하고 있는 데에 반해, 메이저리그 경기가 펼쳐지는 야구장ballpark은 외야의 모양 자체가 제각각입니다. 예컨대 보스턴 레드삭스Boston Redsox가 홈구장으로 사용하는 펜웨이파크Fenway Park의 경우 좌측 펜스까지의 거리가 95m에 불과한데, 이를 만회하기 위해서인 듯, 외야 좌측에는 '그린 몬스터Green Monster'라고 불리는 11m 높이의 담장이 솟아 있습니다. 그런데 이상한 것은 펜웨이파크의 우중간 펜스까지의 거리는 불과 92m에 불과한데 그린몬스터와 같은 시설이 없다는 것입니다. 즉 펜웨이파크에서는, 타자가 타구를 좌측 외야로 쳐서 보내는 것보다 우측 외야로 쳐서 보내는 것이 홈런을 치기에 훨씬 수월한 것입니다.

휴스턴 애스트로스Houston Astros가 홈구장으로 사용하는 미닛메이드파크Minute Maid Park의 경우는 한술 더 뜹니다. 홈플레이트로부터 센터 펜스까지의 거리가 무려 133m에 달하죠. 웬만한 강타자도 이 미닛메이드파크의 센터 펜스를 넘기는 홈런을 치기는 쉽지 않을 것입니다. 그 때문에 이 미닛메이드파크에서는, 다른 야구장이었다면 홈런이 되었을 타구가 중견수 플라이 아웃이 되는 장면이 심심치 않게 연출되고 있습니다.

그러나 우리는 위에서 언급한 경우들을 모두 불합리하다고 생각하지 않습니다. 그러하기에 어느 누구도 한국시리즈나 월드시리즈 우승 팀이 실력이 아니라 운이 좋아 우승했다고 비아냥거리지도 않습니다. 미시적으로 보면 매 경기 하나하나 수많은 불합리하고 불공평한 상황이 존재함에도 불구하고, 왜 우리는 우승 팀에게 기꺼이 축하의 박수를 쳐줄 수 있는 것일까요.

그 이유는 바로 확률·통계 이론 중 '큰 수의 법칙law of large numbers'에서 찾을 수 있습니다. '큰 수의 법칙'이란, 어떠한 시행이 거듭될수록 어떠한 결과가 나타날 확률은 통계적 확률에 수렴한다는 법칙을 의미합니다. 즉 A, B 두 명이 세 번 가위바위보를 했을 경우 A가 세 번 모두 이길 수도 있고, 혹은 B가 세 번 모두 이길 수도 있겠지만, 만일 100번을 한다고 할 경우 대략 A가 이기는 횟수와 B가 이기는 횟수, 그리고 서로 비기는 횟수는 1 : 1 : 1에 근접할 것입니다. 즉 누구에게나 '작은' 행운과 불운이 찾아오는 횟수는 비슷할 것입니다.

누구에게나 빗맞은 타구가 행운의 안타가 될 수 있습니다. 그리고 누구에게나 배트의 스윗 스팟sweet spot에 정확히 맞은 타구가 야수의 글러브로 빨려 들어가는 불운이 올 수 있습니다. 그런데 한 명의 타자가 한 시즌 동안 타석에 들어서는 횟수는 (메이저리그의 경우) 600번이 넘습니다. 투수가 한 시즌 동안 타자와 상대하는 횟수 역시 600번을 훌쩍 넘기지요. 이 600번 속에 작은 행운과 작은 불운이 포함되는 비율은 모든 선수들에게 있어 크게 다르지 않다는 믿음, 이것이 바로 야구가 '불합리한 스포츠'라는 억울한 누명을 벗겨준 위대한 수학적 법칙인 것입니다.

큰 행운, 큰 불운

언젠가 LG 트윈스의 2군 선수의 인터뷰 기사를 본 적이 있습니다. 투수였던 그는 인터뷰 말미에서 이렇게 이야기 했습니다.

"내 꿈은 박찬호나 선동렬처럼 되는 것이 아닙니다. 1군 무대에서 뛰는 것도 아닙니다. 내 꿈은… 단 한 번만이라도 140km짜리 직구를 던져보고 싶다는 것입니다."

이 선수는 좌완 투수였습니다(편의상 이 선수를 'A선수'라고 칭하겠습니다). 그래서 직구 스피드가 130km/h대 초반임에도 불구하고 가능성과 희소성을 인정받아 프로야구단에 입단할 수 있었습니다. 그러나 사실 130km/h대 초반의 직구

스피드로는 프로야구 선수로 성공하기 어렵습니다(물론 두산 베어스의 '모닥불러' 유희관 선수의 성공 사례가 있기는 하지만 이를 일반화시키기는 어렵겠지요). LG 트윈스 구단은 A선수의 구속이 증가하도록 A선수를 맹훈련시켰습니다. A선수 역시 수년 동안 집에도 거의 가지 않고 외출도 거의 하지 않은 채 구단 숙소에 머물며 피나는 노력을 거듭했습니다.

그러나 A선수의 한계는 135km/h였습니다. 노력하고, 좌절하고, 다시 노력하고 절망하기를 거듭했지만 A선수의 구속은 더는 올라가지 않았습니다.

박찬호 선수가 가진 어깨를 이 A선수도 가질 수 있었다면, 확신컨대 결과는 달라졌을 것입니다.

"진정한 노력은 배신하지 않는다."는 말은 A선수와 같이, 하늘에 떠다니는 행운을 얻지 못한 수많은 선수의 영혼을 파괴하는 말입니다. 저는 지금 박찬호 선수나 이승엽 선수의 노력을 폄하하거나, 그들이 운이 좋아 큰 성공을 거둘 수 있었다고 말하고 있는 것이 아닙니다. 다만 저는 박찬호 선수나 이승엽 선수뿐 아니라, A선수와 같은, 하늘의 혜택을 받지 못한 수많은 선수들의 인권과 그들이 누려야 할 최소한의 권리가 보장되어야 한다는 점을 이 책을 읽는 야구팬들에게 리마인드remind시켜 드리고 싶을 뿐입니다. 그렇게 되었을 때 야구의 저변이 더 넓어지고, 궁극적으로 한국 야구가 더 발전할 수 있을 것이라 믿기 때문입니다.

제10장

야구는 과연 단체 경기인가

단체 경기와 개인 경기를 가르는 데피니션 (definition)*

일단, 상식적으로(?) 야구는 단체 경기입니다(물론 저는 여기서 상식을 뒤엎는 이야기를 하려고 마음먹고 있습니다만). 한 팀의 선수는 9명(지명타자제도를 채택하고 있는 경우에는 10명)이고, 총엔트리에 등록될 수 있는 선수는 25명** 입니다.

---

* 여기서 말씀드리는 데피니션(definition), 즉 개념 정의는 어디까지나 필자 개인의 세계관과 야구관에 따른 것임을 밝혀둡니다.

** 메이저리그와 일본 프로야구의 경우 25명까지 1군 엔트리에 등록할 수 있으나, 한국 프로야구의 경우 26명까지 1군 엔트리에 등록할 수 있습니다. 이하에서는 편의상 메이저리그와 일본 프로야구의 예에 따라 엔트리에 등록될 수 있는 선수를 25명으로 설정하고 설명을 이어나가도록 하겠습니다.

그리고 이 25명의 엔트리에 등록되어 있는 한, 선수 교체의 시기 및 횟수에도 제한이 없습니다. 예컨대 축구의 경우 한 경기에 교체 투입될 수 있는 선수가 3명까지로 한정되어 있으나, 야구의 경우 이러한 제한이 없는 것입니다.

여기서 잠깐!

물론 야구 경기에서 선수 교체에 전혀 제한이 없는 것은 아닙니다. 예컨대, ① 한 번 교체되어 나간 선수는 다시 그 경기에 뛸 수 없고, ② 수비 팀의 코칭스태프가 2회 이상 경기 중단을 요청하고 그라운드 안으로 들어온 경우 반드시 투수를 교체해야 하며, ③ 선발 출전한 투수는 부상 등 특별한 사정이 없는 한 반드시 한 타자를 상대해야만 교체될 수 있는바, 이러한 것들 역시 넓은 의미에서는 '선수 교체의 제한'에 해당한다고 볼 수 있을 것입니다. 다만 본문에서 "선수 교체의 횟수에 제한이 없다."고 한 것은, '엔트리에 등록된 25명 모두가 당일 경기에 언제든지 투입될 수 있다'는 의미임을 유의하시기 바랍니다.

따라서 극단적으로는 선발 출전한 선수 전원이 1회에 교체될 수도 있고, 경우에 따라서는 경기 당일 엔트리에 이름을 올린 25명 전원이 경기에 출전하게 되는 경우도 상정할 수 있습니다. 즉 9명은 말 그대로 경기가 시작하는 시점에서 일단 '선발先發, starting'로 출전하는 선수에 불과할 뿐, 사실상 25명 모두가 '(잠재적) 출전 선수'로서 경기 참여를 준비하고 있는 것입니다.

'위장 오더'란?

이와 관련하여, 종종 '위장 오더' 시비가 발생하고 있습니다. 예컨대 한국 프로야구의 경우 경기 시간 약 1시간 전에 선발 출전 선수 명단(오더)을 경기 본부에 제출하고, 이를 상대 팀과도 교환하도록 되어 있는바, 상대방의 경기 전략 수립에 혼선을 줄 목적으로, 실제로는 기용할 의사가 없는 선수를 선발 출전 선수 명단에 기재하여 제출한 후, 경기 시작 후 곧바로 당해 선수를 교체해버리는 것입니다. 특히 투수의 경우, (팬에게 정보를 제공한다는 측면에서) 각 구단은 경기 하루 전에 선발 투수를 공표하고 있어, '위장 오더' 논란이 가장 빈번히 발생하고 있습니다. 위와 같이 설령 '위장 오더'를 제출하더라도 현행 KBO 규정상 이를 제재할 명문의 규정이 없을 뿐만 아니라, '위장 오더'에 해당하는지 여부를 입증하는 것 역시 만만치 않아 사실상 이를 제재하기가 쉽지 않은 상황입니다. 그러나 위장 오더를 제출하는 것은 명백히 스포츠맨십에 반하는 행위이자 팬을 기망하는 행위이므로, 어떠한 경우에도 정당화될 수 없다고 해야 합니다.

그런데 여기서, '단체 경기' 또는 '단체 종목'에 대한 개념 정의를 명확히 하고 넘어갈 필요가 있습니다. 단순히 한 팀에 여러 명이 출전한다고 하여 단체 경기라 할 수 있을까요? 즉 테니스 복식경기나 배드민턴 복식경기를 단체 종목이라고 할 수 있을까요?

또한 펜싱 단체전을 살펴보겠습니다. 펜싱은 분명 개인 경기입니다. 그런데 3~4명이 한 팀을 이뤄 '팀'을 구성한 후, 정해진 순서대로 팀원 중 1명씩 나와, 역시 정해진 순서에 따라 나온 상대방 선수 1인과 승부를 겨룹니다. 이렇게 1 : 1의 대결이 이어지고, 여기서 먼저 3승(또는 4승)을 올리는 팀이 승리하게 되는 것입니다. 과연 펜싱 단체전 시합을 단체 경기라고 개념 지을 수 있을까요? 비단 펜싱뿐 아니라, 예컨대 탁구 단체전 경기에서도 동일한 문제가 제기될 수 있습니다.

펜싱 단체전 경기나 탁구 단체전 경기를, 축구나 농구 경기와 달리 "단체 경기(단체 종목)가 아니다."라고 본다면, 그 근거는 무엇일까요.

축구, 농구 또는 배구의 경우 선수는 팀의 일원으로서

다른 선수와 협력하여 하나의 '단위 플레이a unit of play'* 를 만들어내게 됩니다. 즉 축구나 농구 경기의 경우에서 이루어지는 디테일한 플레이들은 사실은 최종 목적인 슈팅에 이르기까지 연결시키기 위한 치밀하게 계획되고 의도된 플레이들의 연합체로서, 이러한 플레이들을 일관되게 관통하는 '유일한 목적'이란 바로 슈팅shooting 그 이상도 이하도 아닙니다(물론 1986년 멕시코 월드컵에서 디에고 마라도나(Diego Maradona)가 80m 단독 질주하여 다른 선수의 도움을 안 받고 혼자서 골망을 흔들었던 일도 있지만, 이는 축구라기보다는 100년에 한 번 나오는 천재가 선보인 축구 묘기라고 표현하는 것이 더 적절할 것 같습니다). 정리하자면, 대부분의 구기 종목 선수들은 여러 단계의 패스를 거쳐 결국은 슈팅으로 연결 짓기 위한 유기체적 협동 관계를 형성하게 되는데, 이 시발점으로부터 슈팅에 이르는 과정을 하나의 '단위 플레이'라고 상정할 수 있는 것입니다.

배구 경기 역시 마찬가지입니다. 안정감 있는 리시브receive와 자로 잰 듯한 토스toss로 공격수에게 볼이 배급되어야 공격수는 상대 팀 진영에 정확하고 날카로운 스파이크를 때려 넣을 수 있는 것입니다. 여기에서는 리시브에서

---

* '단위 플레이'라는 개념은 필자가 설정한 것으로, 언어학에 비유하자면 최소 의미 단위인 '형태소(形態素)'에 비유될 수 있을 것입니다.

토스를 거쳐 공격(스파이크)에 이르기까지의 과정을 하나의 '단위 플레이'로 파악할 수 있을 것입니다. 우리가 흔히 '단체 경기' 또는 '단체 종목'이라고 부르는 스포츠의 경우, 위와 같은 각각의 '단위 플레이'를 만들어내는 데에 팀원들은 각자 맡은 역할을 수행합니다. 그리고 양 팀은 위와 같이 여러 구성원의 협력 작업에 의해 생성된 각각의 '단위 플레이'를 가지고 승부를 가리게 되는 것입니다. 극히 단순화한다면, 구체적으로는 누가 유효하고 효과적인 '단위 플레이'를 '더 많이' 성공시켰는지가 승패를 가르게 되겠지요.

그런데 펜싱 단체전 경기나 탁구 단체전 경기는 말할 것도 없고, 테니스 복식경기tennis doubles나 배드민턴 복식경기badminton doubles에서도, 위와 같이 '2명 이상의' 팀원들의 역할 수행이 결합되어 만들어지는 '단위 플레이'라는 것은 존재하지 않습니다. 테니스 복식경기라 하더라도 복식팀을 구성하는 각 멤버의 날카로운 스트로크stroke가 그 자체로서 하나의 단위 플레이를 형성하는 것이지, 동료 선수간의 균형balance 잡힌 세트플레이set play가 있어 위력적인 서브에이스serve ace나 기막힌 발리 스트로크가 나오는 것은 아닙니다. 즉, 공격 포인트를 획득하기 위해 필요한 플레이는 온전히 선수 1인의 개인 역량과 기량이 만들어내는 작품일 뿐인 것이지요. 동일한 이론이 배드민턴에도 적용될 수 있습니다. 배드민턴 복식경기의 경우도 마찬가지지요. 각 선수들의 플레이 하나하나가 그 자체로서 '단위 플레이'로 되는 것이지, 팀 동료의 플레이와 결합되어 비로소 하나의 '단위 플레이'로 완성되는 것은 아닙니다. 테니스 복식경기는 위와 같이 파편화된 선수 개개인의 단위 플레이의 기계적 조합에 불과한 것입니다.

요컨대, 단체 경기와 개인 경기를 나누는 기준은, 득점 포인트 또는 수비 포인트를 쌓기 위해 필요한 '최소 단위의 플레이'를 형성하는 데에 있어 '2인 이상 팀원의 역할 기여가 적어도 개념적으로 전제되어 있는지' 여부인 것입니다. 물론, 배구 경기에서, 서브리시브serve receive의 불안으로 곧바로 공격권이 상대 팀에게 넘어온 경우에는 패스(리시브)－토스 과정을 거칠 필요 없이 곧바로 (이를테면 속공 방식의) 직접 공격이 가능하니, 굳이 하나의 공격 포인트를 성공시키기 위한 2~3인의 '협동적 플레이'가 필요하지 않을 수도 있을 것입니다. 다만 부디 당부컨대, 이것은 본질에서 벗어난 예외적인 현상임을 기억해주시기 바랍니다.

야구는 단체 경기의
외피(外皮)를 뒤집어쓴 개인 경기

이상에서 설명드린 개념들을 분석틀로 사용하여, 야구를 바라봅시다. 야구 경기의 요체要體는 '투수와 타자의 대결'입니다. 내야수와 외야수는 투수가 삼진strike-out으로 미처 처리하지 못한, 투수의 뒷수습 전문 요원입니다. 수십만 관중과 시청자의 눈은, 투수의 살벌한 눈빛과, 공을 깨부수어 버릴 듯 이를 악물고 타자가 발산하는 기氣에 눌려 숨을 죽입니다. 저는 이 장면에서, 폭 1m가 채 되지 않는 레인에서 등이 기계장치에 묶인 채 차마 물러서려야 물러설 곳이 없는 백의白衣의 검객, 펜싱fencing 경기에 흐르는 팽팽한 긴장감을 느낍니다.

조금 돌아왔습니다만, 야구에서의 '단위 플레이'는 팀 동료 간의 협업을 전제로 하지 않습니다. 투수의 목표는 일단 스트라이크 아웃을 잡아내는 것입니다. 타자는 홈런을 쳐내는 것이지요. 그리고 이것은 본래 오로지 투수와 타자의 1 대 1 대결에서 판가름 날 문제인 것이구요. 스트라이크 아웃이 아닌, 야수의 수비로 타자를 아웃시킨 경우에도 마찬가지입니다. 야수는 단지 자기 포지션에서의 역할을 했을 뿐입니다. 투수의 방어율을 낮추어주기 위해서가 아니라.

혹자는 베이스에 주자가 나가 있는 경우 타석에 선 타자가 의도적으로 진루타를 치는 모습, 또는 내야땅볼을 멋드러진 병살 플레이로 연결시키는 키스톤 콤비keystone combination의 세련된 기술에 박수를 보내며, 야구가 '희생을 최고의 덕목으로 하는' 가장 발전된 단계의 스포츠라고 주장하실지도 모릅니다.

'키스톤 콤비(keystone combination)'란?

야구에서 2루수second baseman과 유격수shorts top가 수비에서 차지하는 비중이 매우 높고, 또 2루수와 유격수는 내야수비에 있어 긴밀한 협력관계를 유지해야 하기 때문에, 내야 수비의 꽃이라고 불리며, 키스톤 콤비keystone combination라고 합니다.

그러나 냉정히 생각해봅시다. 2루 주자를 3루에 보내기 위하여 1~2루 방면으로 땅볼을 굴려 진루타를 치고 싶은 타자가 100명 중 단 1명이라도 있을까요? 결단코 없을 것입니다. 그는 당연히 안타를 치고자 했으나 힘이 모자랐을 뿐입니다. 주자를 진루시키기 위한 '팀배팅team-batting'이었

다구요? 설마 그럴 리가! 한 시즌 풀타임으로 출전한 타자가 500타수에 들어선다고 하면, 안타 1개는 타율 2리에 해당합니다. 안타 몇 개에 연봉의 단위가 달라질 수 있는 것이죠. '팀배팅'이란 말, 듣기 민망할 정도로 궁색한 변명입니다. 타자와 투수의 대결은 적어도 이 장면에서는 투수의 승리로 확정된 것입니다. 그리고 그다음 역시 투수-타자의 대결의 연속입니다. 한 경기에서 최소 54차례 우리는 이러한 장면을 보며 전율합니다.

그런데 이번에는 포커스를 주자走者, runner에 맞춰보죠. 우리가 어린 시절 가지고 놀았던 보드게임 「부루마불Blue Marble」을 떠올리면 얼추 비슷할까요? 끊임없이 주사위는 던져지고, 게임판에 있는 말runner들은 이에 맞춰 전진합니다. 베이스상의 주자는 다음 베이스로 진루해야 한다는 생각만이 머리에 가득 차 있습니다. 적어도 프로(를 꿈꾸는) 선수라면, 주자는 타자의 도움이 없이도 다음 베이스를 점령할 계획을 머리에 세워두어야 합니다. 아니, 타자가 어떤 타격을 하더라도 다음 베이스로 진출할 수 있는 수십 가지의 경우의 수를 머리에 담고 있어야 합니다. 이것은 철저히 주자와 투수의 대결인 것입니다. 주자와 투수의 대결 구도에서 타자打者는 어디까지나 제3자에 불과합니다.

타자와 주자는 같은 팀이지만, 타자가 타석에서 세운 목표와 주자가 베이스에서 세운 목표는 분명 다른 곳을 향하고 있습니다. 타자가 스트라이크 아웃을 당해도, 주자가 그 사이 투수의 타이밍을 빼앗아 도루를 했다면 주자는 웃을 수 있습니다(물론 드러내놓고는 아니겠지요). 지금 상황을 간단히 정리해보면 이렇습니다. 타자 1패, 투수 1승 1패, 그리고 주자 1승.

타자든 주자든, 1루수든 좌익수든, 단지 각자의 플레이를 잘하기만 하면 됩니다. 따라서 야구에는 어시스트assist라는 개념이 없습니다. 자기를 위한 플레이가 곧 팀을 위한 플레이가 되는 것이니까요. 그렇게 선수 각자가 (다른 동료 신경 쓰지 않고) 최선을 다하게 되면 '보이지 않는 손invisible hand'이 와서 승리라는 보너스를 가져다 주기도 합니다.

'보살'이라는 개념의 등장

최근 야수가 주자의 진루를 막아내는 것을 일컫는 보살補殺이라는 용어가 등장하였습니다. 그러나 이는 야수의 수비 능력을 평가하는 하나의 세부 지표로서의 의미를 가질 뿐, 야구 경기의 공식적인 기록 항목에 포함되는 것은 아닙니다.

단체 경기의 외피를 입은 개인 경기! 하지만 야구의 패러독스는 사실 여기에서부터 시작됩니다.

One for All

애덤 스미스Adam Smith가 이야기한 '보이지 않는 손'은 오래지 않아 공평하지도, 정의롭지도 못하다는 것이 판명되었습니다. 하지만 야구를 움직이는 '보이지 않는 손'은 조금 다른 것 같습니다.

단체 스포츠의 '아이콘'이라는 축구 경기에서 승리하기 위해서는 메시 한 명이면 충분합니다. 23번을 단 마이클 조던은 오로지 혼자 힘으로 시카고 불스Chicago Bulls를 역사상 전무후무한 최강 팀의 반열에 올려놓았습니다.

그러나 마크 맥과이어Mark McGwire가 70홈런을 날려 미국을 들었다 놨다 했던 1998년, 소속 팀 세인트루이스 카

디널스St. Louis Cardinals의 팀 성적은 어떠했을까요? 1992년부터 1995년까지 4년 연속 경이적인 성적으로 사이영상Cy Young Award을 수상한 그레그 매덕스의 소속 팀 애틀랜타 브레이브스Atlanta Braves는 그 기간 동안 단 한 차례밖에 우승을 하지 못했지요.

이유는 간단합니다. 타자는 아무리 홈런을 뻥뻥 쳐대봐야 9명 중 1명일 뿐입니다. 투수가 완봉승을 밥 먹듯이 해도 5일에 하루이죠. 다시 말해서 9명의 타자, 그리고 5명의 (선발)투수에게 기회가 똑같이 주어지기 때문입니다.

자, 이제 마무리.

우수한 선수 한두 명이 승패를 좌우할 수 없는 야구 경기야말로 '기회 균등'이라는 가치가 현실 세계에서 구현되는 가장 완벽한 사례일 것입니다. '보이지 않는 손'의 결점을 스스로 통제하는 메커니즘을 갖추고 있는 것입니다. 적어도 선발 엔트리에 들어간 9명에게 기회는 동일하게 제공됩니다. 이를 살리느냐는 선수 본인의 실력과 능력에 달려 있는 것이구요. 적어도 동료 선수들이 자기에게 패스를 안 해서 경기 중 '왕따' 당하는 야구 선수는 없는 것입니다.

야구는, 자본주의의 병폐의 근원을 스스로 차단하는 장치를 가지고 있기에 가장 자본주의적인 스포츠인 것입니다.

지은이 소개

박지훈

대원외고, 서울대 영문학과 졸업
제45회 사법시험 합격(2003년), 35기 사법연수원 수료
(전) 법무법인 지평 변호사
(전) 법무법인 광장 변호사
(전) 스포츠문화연구소 사무국장
(전) 헬프시리아 사무국장
(현) 법무법인 태웅 변호사
(현) 사람과운동 대표
(현) 명재사상연구소 소장

저서

『프로스포츠 선수의 법적 지위』(譯, 2013, 법문사)
『송시열, 그대의 목에는 칼이 안 들어간답니까』(2016, 법문사)
『2급 생활스포츠지도사』(공저, 2016, 대한미디어)

야구란 무엇인가

초판 인쇄 2019년 3월 23일
초판 발행 2019년 3월 29일

지은이 박지훈
펴낸이 김영훈
편집인 전영완
펴낸곳 도서출판 문우사
주소 경기도 고양시 일산동구 정발산로 24, T2-814호(장항동, 웨스턴돔타워)
전화 031) 901-6542, 070) 4200-6542 **팩스** 031) 906-6542
홈페이지 www.munu.co.kr **대표메일** moonwoosa@hanmail.net
출판신고번호 제396-2013-000113호

ISBN 979-11-85994-64-2 03690

이 도서의 국립중앙도서관 출판예정도서목록(CIP)은 서지정보유통지원시스템(http://seoji.nl.go.kr)과 국가자료종합목록(http://www.nl.go.kr/kolisnet)에서 이용하실 수 있습니다. (CIP 제어번호: CIP2019011806)

값 12,000원